第一書記

——张修存驻村扶贫纪事

陈淑汉 著

山东大学出版社
·济南·

图书在版编目（CIP）数据

第一书记：张修存驻村扶贫纪事 / 陈淑汉著 .—济南：山东大学出版社，2020.11
ISBN 978-7-5607-6873-1

Ⅰ.①第… Ⅱ.①陈… Ⅲ.①报告文学—中国—当代
Ⅳ.①I25

中国版本图书馆 CIP 数据核字（2020）第 243209 号

责任编辑　刘森文
封面题字　张　鹏
封面设计　王　艳

出版发行　山东大学出版社
社　　址　山东省济南市山大南路 20 号
邮政编码　250100
发行热线　（0531）88363008
经　　销　新华书店
印　　刷　济南华林彩印有限公司
规　　格　720 毫米 × 1000 毫米　1/16
　　　　　11.75 印张　4 插页　135 千字
版　　次　2020 年 12 月第 1 版
印　　次　2020 年 12 月第 1 次印刷
定　　价　58.00 元

上山看望孤寡老人

走访村民

在美丽乡村建设施工现场

七位一体的农村社区综合体

在农田灌溉蓄水工程施工现场

竣工后的蓄水池

航空休闲食品生产线

在航空食品展销大厅作讲解

山亭区东水峪村村居旧貌

山亭区东水峪村新居工程（实景）

南洼村贫困户年终分红现场会

村民拿到分红后的喜悦

组织参加庆“七一”重温入党誓词活动

土地增减挂钩试点（建设中）

土地增减挂钩试点（竣工后）

引进实施“集中管理分散养殖”模式发展养殖业

序

共产党员，要的就是这股子劲

从2012年开始，山航集团响应省委号召，陆续选派优秀党员干部到枣庄市山亭区贫困村担任“第一书记”。六年多来，山航共派出10位“第一书记”和1名驻村工作队员，先后到9个行政村开展扶贫工作，集团投入款物合计880余万元，协调行业及社会资金5800余万元。这些“第一书记”脱下工装换上农装，走出办公室进入农村，走访农家，搞调研，摸实情，争取资金引项目，办实事、解难题，赢得了当地群众的一致好评。

张修存同志就是山航“第一书记”中的杰出代表。

张修存同志在部队当兵十四年，转业后又在山航从事了十年的财务工作。2013年3月开始到枣庄市山亭区东水峪村担任“第一书记”。原来安排的帮扶周期是一年，但他去了以后干得非常出色，当地领导和老百姓都对他赞赏有加，极力挽留他。加上有些帮扶项目正在如火如荼地开展，为保持扶贫工作的连续性，公司党委决定，让他继续留任。就这样，他舍小家、顾大家，在贫困山村一干就是四年。四年间，他面朝黄土背朝天，与村民同吃同住，发挥主观能动性，因地制宜，采用止血（找出问题）—输血（解决问题）—造血（健康发展）的方式，对内挖掘资源，对外借势借力，探索出一条精准扶贫、精准脱贫的致富路子。他帮扶过的东水峪村和南洼村由贫困村变为“省级文明社区”和“生态文明村”；他三次荣立三等功，被授予山东省“第一书记标兵”“山东省优秀共产党员”“山东省脱贫攻坚先进个人”“感动枣庄十佳人物”“山亭区敬业奉献道德模范”等荣誉称号，入围“全国脱贫攻坚奖”。他的事迹多次被各大新闻媒体报道，他以一点一滴的付出和扎扎实实的行动赢得了老百姓的口碑，树立起一名新时代共产党员的良好形象。

修存同志身上有股甩开膀子干的拼劲儿——他在当地办成的第一件大事就是旧村的整体搬迁。他一边挨家挨户苦口婆心地去做村民的思想工作，一边积极协调、全力落实新居建设，做了大量细致有效的工作，完成了这个看似不可能完成的任务，使东水峪村旧貌换新颜。为了解决村民吃水问题，他带领村民修建蓄水池，自己却不慎从5米多高的台子上摔了下来，造成右腿创伤性滑膜炎和半月板受伤，被鉴定为四级残疾。可是从医院一出来，他又返回了建筑工地。

修存同志身上有股敢为善成的闯劲儿——他深知扶贫不如扶智、输血不如造血的道理，于是积极协调各方，充分利用山航优势，整合山亭优势资源，带领村民成立航空食品公司，将本地盛产的山楂、板栗等农副产品经过深加工后打入航空餐食市场。经过多次严格的工艺完善、卫生检测，他们生产的山楂条成功登上了山航航班，仅此一项每年村集体就可增收60万元。他还在山楂包装袋上动起了心思，经过商业谈判，台儿庄古城等旅游宣传广告跃然包装纸上，这些广告费用也最大限度地提高了村民收入。

修存同志身上有股锲而不舍的韧劲儿——看似简单的扶贫项目，从构思到落地，都有一个曲折复杂的过程。对于一名国企派驻人员来说，遇到的困难可想而知。但他身上有种不屈不挠的精神，只要认准的事儿、对村民有利的事儿，他都会勇往直前地去做，遇到再大的困难也绝不退缩。在他和村民的共同努力下，路修通了，路灯亮了，村容整洁了，蓄水池建起来了，产业结构调整了，工作队组建了，村民的腰包鼓了，二层小楼多了……

修存同志心里时刻都装着百姓，唯独没有他自己。春节是阖家团圆的日子，但他首先想到的是村里那些孤寡老人，于是说服城里的妻子带上年幼的女儿到村里过年；村民生病住院，他像照顾自己的家人一样在医院跑前跑后，帮助联系专家；村里的特困户，他经常登门嘘寒问暖，有时候还悄悄留下几百块钱……这些点滴小事看起来容易，但换位思考，真正能做到的又有几人呢？

读罢这部沉甸甸的书稿，我心里很受感动。掩卷沉思，我想到的是，新时代共产党员应该是什么样子？在修存同志身上，我看到了忠诚、看到了担当、看到了责任，我想这就是答案。他心里装着的是百姓，肩上扛着的是责任。他没有辜负省委的重托和公司党委的信任，展现了一名优秀共产党员的良好形象。

习近平总书记指出："人民是我们力量的源泉。只要与人民同甘共苦，与人民团结奋斗，就没有克服不了的困难，就没有完成不了的任务。"在我们全面建成小康社会、实现中华民族伟大复兴的新征程中，不就是需要这股子劲头，不就是需要这样的精神吗？

本书不仅是对张修存同志典型事迹的生动再现，更是对我们每一位共产党员的激励和鞭策，也是对我本人的精神洗礼。因此，我欣然为本书作序，希望我们党员队伍中能涌现出越来越多像张修存同志一样的人。

山东航空集团党委书记 孙秀江

2018年12月16日

题 记

他，从繁华的都市走来

不怕在泥水里摸爬滚打

离开父母妻儿

把百姓当作亲人

他，是带领村民脱贫致富的第一书记

一千四百多个日夜

用一颗赤诚的心

忘我地工作着

踏遍了村庄的每一个角落

是他，带领一方百姓向贫困宣战

是他，帮助村民告别古老的土坯石屋

搬进整齐划一的洁净楼房

还是他，四个春节没回家过年

却陪伴五保老人吃年夜饭

当看到村民的生活一天比一天富足

他所有的疲惫烟消云散

看着昔日的穷山恶水变得山清水秀

他欣慰地笑了

笑得是那样开心

山水有情披新绿

那是对一个优秀共产党员的问候

溪水哗哗地流淌

那是回报奉献者的掌声

他，一位从山航走出来的“第一书记”

用实际行动诠释了入党时的铮铮誓言

目 录

一　担子落在肩上

就像当年参军离开家乡奔赴部队一样，张修存怀着依依不舍的心情，肩负沉甸甸的责任，告别山东航空集团（以下简称“山航”）的同事和家中的亲人，毅然登上了去枣庄山亭的大巴车，履行他驻村扶贫“第一书记”的神圣使命。

2013年的春节刚过，到处都还沉浸在节日的气氛中，张修存就接到了单位人事部门的通知，要他到人事部部长张克勇的办公室接受新的任务。

一走进张部长的办公室，张部长就微笑着和他打招呼：“修存，快坐下，有件事要和你谈谈。”

张修存在张部长身边的椅子上坐了下来，很爽快地说：“部长您说吧，有什么安排？”

“根据省委统一部署，从省直单位选派部分人员，到省级贫困村挂职‘第一书记’，中心任务是抓党建促脱贫。根据省委组织部安排，咱们山航的帮包村在枣庄市山亭区，公司决定派出优秀党员干部到该区驻村扶贫。经山航党委集体研究，一致认为你是最佳人选。”

张部长顿了一下，看着张修存继续说：“当然，我们也担心你的家庭负担太重，所以集团领导的意思是先征求一下你个人的意见。你也好好考虑一下，要是家里确实困难，集团再考虑其他人选。说实话，这是个艰巨、繁重的任务，帮扶村的各种情况都非常复杂，对我们派去的‘第一书记’是个严峻的考验。这个‘第一书记’可不是简单的村干部，一方面代表的是党员干部的形象，另一方面也代表着我们山航的形象，不一般呢!”

张部长说着说着脸色变得凝重起来。

“修存，组织上对你是寄予了厚望啊！你回去跟家里人商量一下，尽快把这事定下来。怎么样?”

张修存认真地听张部长说着，频频点头。

“我们‘结对子’的帮扶村是枣庄市山亭区山城街道东水峪村，挂职时间是一年。”

“张部长，既然集团党委都研究通过让我去，那我服从组织决定，不用回家商量了，现在就可以定下来，我愿意去驻村挂职‘第一书记’!”

张部长看着张修存，微微点头，脸上现出欣慰的笑容。

张部长见张修存答应去挂职，心里既高兴又有些不忍。他了解张修存家里的情况：父亲因病卧床一年多了，生活不能自理，全靠别人照顾。于是，又关心地提醒他道：“修存，你还是和家人商量一下吧，无论你做何决定，集团党委都会尊重你的意见。”

寒风料峭，夜幕沉沉。张修存心事重重地回到家里，家里人都已熄灯睡觉了。他躺在床上，一闭上眼，就想起了白天张部长与自己的谈话，想起了病床上的父亲，想起了年迈的姥爷，想起了幼小的孩子……既想去基层锻炼，又担心家人受苦，怎么办？他翻来覆去睡不着，心里想着怎样把驻村挂职的事情跟妻子说明白。

妻子见他辗转难眠，关切地问："修存，怎么了，有什么心事吗？"

张修存沉吟了一下，就把组织决定让他去枣庄担任驻村"第一书记"的事向妻子说了出来："我们山航与枣庄山亭是帮扶对口单位，集团党委决定派我去驻村挂职'第一书记'，时间一年，考虑到咱家的情况，我正想和你商量去还是不去？"

妻子听了，淡然一笑："像咱这样的家庭情况，让你去驻村扶贫，确实是脱不开身啊！你怎么跟你们领导说的？"

张修存了解妻子，虽然她是个女同志，但作为一名党员、一名警察，思想觉悟还是很高的。从警这么多年，她一直以工作为重，家庭单位两边忙活，没少受累。为此，张修存时常感到愧疚。两个都是事业心比较强的人，对家庭的照顾肯定是不足的。

张修存没直接回答妻子，而是问她："领导对咱家的情况也很了解，你说我去不去？"

妻子很清楚，张修存既然回来说这个事，就是拿定主意去挂职了，于是她很干脆地说："既然是组织上已经决定的事，你就去吧。咱俩都是党员，应该服从组织决定。"

张修存见妻子这么痛快，又于心不忍了：“如果我去的话，家里的事就得全交给你了。你们单位的工作那么忙，家里的负担又这么重，我担心你扛不住、吃不消啊！我也不忍心让你吃苦受累。”

“家里的事，你就放心吧！你安心把扶贫工作搞好，家里的事你就不必牵挂了，我多操心一点就是！”

张修存心里明白，妻子虽然嘴上这样劝他，但她内心的苦楚一定很多，于是苦笑着对她说：“今后家里就都靠你了！”

妻子语重心长地说：“驻村扶贫是一次宝贵的基层锻炼机会，也是展示个人价值的平台，你去锻炼一下也好。家里的事交给我，我会尽力承担，你就放心吧！”

听妻子这么说，张修存心里宽慰了许多，但他对通情达理的妻子有着深深的歉意。说实话，他亏欠妻子太多啦！在部队的时候，工作紧张，他顾不上家庭和孩子，妻子独自默默地承担着全部家务。直到转业到山航，全家才得以团聚。记得刚脱下军装的时候，他曾对妻子说过：“我在部队这么多年，你和孩子在家里受苦了，今后我要加倍补偿你。”想不到全家团聚不久，其乐融融的日子没过几年，他就又要远离。对家庭、对妻子的愧疚在他心里不停地翻腾着。

第二天，张修存早早来到单位，径直走进张部长的办公室，直截了当地说：“张部长，我和家人已经商量好了，愿意服从组织安排，到村挂职。”

张部长放下手里的材料，看着他关切地问：“都考虑好了？”

“考虑好了，我保证不辜负组织信任，去当好‘第一书记’！”

“好！”张部长从心里喜欢张修存的这种军人作风。然后又语重心长地说：“到农村去工作很艰苦，会遇到许多意想不到的困难。你要去的这个东水峪村自然环境恶劣，情况比较复杂，脱贫难度很大，你要有思想准备！”

“我明白，从我个人方面不会有任何问题，困难我不怕，请部长放心吧！”

张部长赞赏地看了张修存一眼，说道：“农村生活可不像在城里这么安逸，我担心你吃不了那里的苦。”

“请张部长放心，我在部队锻炼过，不怕吃苦。我一定不辜负党组织对我的信任和期望！困难再多，我一定会想办法克服；担子再重，我也一定尽力挑起来！”他斩钉截铁地说。

张部长听了，满意地点了点头：“集团党委没看错人，你能力强、素质高，由你去担任‘第一书记’，我们都放心！你有什么要求，现在就可以提出来，集团会给你提供大力支持。”

“没有任何要求和条件。作为一名共产党员，到需要的地方去工作是一种荣誉！东水峪村需要我，我到那里以后一定扑下身子踏踏实实地把工作干好！”

张部长满意地点点头，站起来用力拍了拍他的肩膀：“既然如此，这个事就这么定了，我去跟集团党委做汇报。”

“部长，什么时间去枣庄？我得提前把手头的工作交接一下，还要收拾收拾行李。”

“不是直接去，省里对驻村挂职‘第一书记’工作非常重视，挂职前要先参加‘第一书记’短期培训，培训完再到村工作。”

“好！一切听从组织安排！”张修存信心满满地离开了张部长的办公室。

张修存从张部长办公室走出来，被财务部长王武平看到了。王武平向他招呼说：“修存，你过来一下，我有几句话要和你说说。”

听到王部长喊他，他折回身，走进了王部长的办公室。

王部长让他坐下，语重心长地说：“修存，听说你去枣庄挂职‘第一书记’，这是一项政治任务，你的选择是对的。这件事很有挑战性，符合你的性格，不过你也一定要有充分的心理准备啊！”

张修存微笑着向王部长点了点头。

“你啥时候去枣庄？”

“张部长要我马上交接工作，估计这两天就得走。”

“给家人说了吗？回家好好安排一下！”

“说了。家里就我父亲的身体是个问题，其他的倒没什么难处。”

“扶贫是个苦差事，据说那个地方特别穷，社会矛盾还不少，你去了得多想想办法！”

“好的，部长。我觉得驻村扶贫，能让我经受一次锻炼，对我个人的成长来说很有帮助，很有必要。”

“嗯，有时候困难是一件好事。去了枣庄后，家里若有什么需要我帮忙的，打个招呼就行!”

“那肯定，谁让你是我领导呢!”张修存开玩笑地说道。

王部长非常喜欢和关心他的这个下属，张修存工作兢兢业业，是财务部的骨干。几年来，王部长一直在关注着张修存的成长，不遗余力地培养他、帮助他。这次组织上派张修存去扶贫，王部长虽然在工作上失去了一个得力助手，但他还是希望张修存能去锻炼锻炼。

王部长和张修存推心置腹地谈了半天，关切地嘱咐他去农村工作要注意的事项，鼓励他认真履职尽责，把党建和扶贫工作同时做好。

张修存的好朋友李小东得知他要去枣庄担任“第一书记”，特地赶到他办公室，劝他道：“修存，你不要一时冲动就做决定，我打听过了，你去的东水峪村是山亭区最贫穷、最落后的一个村，那里不但穷得出名，而且还乱得出名，社会治安非常糟糕。我担心你去了这么乱的地方，不但搞不出名堂来，还会发生意外。你还是向领导请求一下，别去冒这个险了。”

张修存向李小东作了一番解释，表明了他去枣庄市山亭区东水峪村的决心。

张修存对这次去驻村扶贫，心里的确是喜忧参半：喜的是组织上对自己的信任，让自己到基层面对面为群众服务，使自己在得到锻炼的同时也能提高工作能力，既能体现自己的人生价值，又能丰富自己的人生阅历。忧的是家里有一个一级伤残的老父亲需要照顾，还有88岁的姥爷身体也不好，常年住在他家里；妻子在派出所工作，经常需要加班，每周都有一个晚上要值夜班，有任务时更是无暇顾及家务；女儿刚满九岁，上学、放学需要家人接送……现在他要到200多公里外的东水峪驻村扶贫，意味着所有的家庭重担都落在了母亲和妻子身上。想想这些困难，张修存对自己的挂职决定又充满了自责。

但是，困难的工作总要有人来做，身为党员就要有党员的觉悟和境界，不应该拈轻怕重。

张修存这样想想，心里释然了许多。

通过省委组织部几天的集中培训，张修存一下子明白了很多。习近平总书记在河北阜平县考察扶贫开发工作时指出："全面建成小康社会，最艰巨最繁重的任务在农村，特别是在贫困地区。没有农村的小康，特别是没有贫困地区的小康，就没有全面建成小康社会。"从总书记的这段话中，张修存更加深刻地体会到驻村"第一书记"工作的意义、价值和责任。作为一名驻村挂职的"第一书记"，他坚定地认为，自己有这个义务和责任去带领那些淳朴的乡民过上幸福生活。

坐在驶往东水峪的大巴车里，他心里很不平静，思绪的潮水在不断地翻腾，有与同事离别的惆怅，有与家人分别的不舍。还记得几天前他从山航集团回到家里，一进门就听到父亲在不停地咳嗽。他急忙来到父亲床前，见父亲瘦削的脸上青筋暴起，脸色发白，就急忙给他倒了一杯开水，取出放在床头的药，服侍他喝了药，然后用手轻轻地捶了捶他的后背。

张修存见父亲的咳嗽渐渐停了下来，便轻声说道："爸，再去医院让医生给你看看吧。”

“我这是老毛病了，医生也没什么好办法，吃了药就好多了，不用去了。”

父亲是个坚强的人，经历了很多磨难，但他都以常人难有的毅力撑了过来。即使在受到严重创伤的时候，他也没流过一滴眼泪。

张修存坐在父亲身边，深情地注视着父亲苍老的面颊与和善的眼睛。对他来说，这是一双慈祥的充满深情的眼睛，在这个世界上，这双眼睛最可爱、最值得信赖。

要不要把去枣庄驻村挂职“第一书记”的事告诉父亲呢？他有点为难了。

张修存见父亲的咳嗽完全停了下来，又为他倒了一杯水，等他喝下后，还是把自己要去枣庄山亭挂职“第一书记”的决定告诉了他。

父亲听了之后，先是沉默了一会儿，然后对他说：“儿啊，工作上的事我不懂，还是你自己拿主意吧。不管你做什么决定，全家人都会支持你的。”

听到父亲的话，他忍不住掉下了眼泪，泣不成声地说：“谢谢爸爸的支持！谢谢！”

二　深山的呐喊

东水峪，峪水东，石板漏雨墙透风。下山挑水日才出，挑水到家日正中。弯弯山道如羊肠，走在上面战兢兢。

光棍成群没媳妇，背着破被去打工。老爹老娘守家门，老弱病残留村中。穷山恶水难改变，祖辈煎熬度秋冬。

——东水峪村民谣

东水峪村是枣庄市贫困程度严重、自然条件恶劣、脱贫难度较大的贫困村之一。到了枣庄汽车站，张修存见到了早在那里等候的市委组织部副部长褚志高等人，他们见面寒暄了几句，一行人便开车驶往东水峪村。

在车上，褚部长热情地把枣庄市山亭区和东水峪村的基本情况向张修存介绍了一遍。市里、区里的情况张修存事先已经了解得差不多了，只是东水峪村，他在网上搜来搜去也没找到只言片语的介绍，他现在还想象不出这个山村到底是个啥样子。

随着汽车的行进，褚部长不时地指着车外的山岭、村庄向张修存介绍着。

大家说着笑着，相互谈论着，气氛相当热烈。

一小时后，汽车在离东水峪村还有一公里的地方停了下来。前面无法行驶，他们只好下车步行。

东水峪村坐落在深山里，所谓进村的“公路”，是用大大小小的碎石铺成，路面既狭窄又坑坑洼洼高低不平，汽车根本无法通行。褚部长陪着张修存深一脚浅一脚地向村子里走去，脚踩在路面上，鞋底仿佛一下子变薄了，被硌得酸痛。

进了山口就望见了半山腰的村子，这时有位中年人迎了上来，老远就跟褚部长打招呼：“您好啊！褚部长。”

褚部长对张修存说：“他就是东水峪村党支部书记冯爱立。”

冯爱立三步并作两步地来到他们面前，拘谨地望着张修存问：“褚部长，这位领导就是新来的‘第一书记’吧？”

褚部长点了点头说：“对，这就是你们村新来的‘第一书记’张修存同志。”

褚部长转向张修存说：“张书记，这位是东水峪村的书记冯爱立。”

张修存握住冯爱立的手说：“冯书记，以后还请您多支持啊！”

冯爱立热情地回应道：“您来俺村，太欢迎了！走，咱到村里再好好聊。”

褚部长接完一个电话，对冯爱立说：“小冯，你带张书记回村里吧，部里有件重要事情需要我回去处理，我就不跟你们一起到村里去了!”褚部长略带歉意地对张修存说：“张书记多担待啊，我就不往前送你了，以后我们还有很多机会见面，希望你抓好班子带好队伍，大家都盼着你带领村里的老少爷们发家致富呢!”

褚部长又对冯爱立叮嘱道：“张书记初来乍到，很多情况还不了解，你要多用心，工作上配合好，把咱们村的各项工作搞上去！你把张书记领到村里去，他一路奔波挺劳累的，先让他好好休息一下。”

褚部长握着张修存的手说：“张书记，今后在工作或生活上遇到什么困难请告诉我，我会及时想办法协助你解决。”

接着又转身对冯爱立说：“小冯啊，今后你要多向张书记学习，多支持他的工作，多关心他的生活。你们要团结协作，充分用好党的政策，发挥你们的聪明才智，早日改变村里的面貌。”

张修存忙接话茬说：“大家共同努力，还要请市里、区里多支持!”

“进了山亭门，就是山亭人。看看，张书记现在的语气分明就是东水峪村的人了!”

褚部长说完，大家都笑了起来。

冯爱立见褚部长走了，不由分说夺过张修存肩上的背包：“张书记，山路不好走，我替你背着吧。”

张修存推让了一番，盛情难却，只好把背包交给冯爱立。他打量了一下眼前这位村支书：身材魁梧，黝黑的脸膛，浓眉大眼，上身穿着皱巴巴的青色西服，西服里面是一件粗线毛衣，下身裤脚卷起，看起来憨厚、朴实。

冯爱立在前面领路，张修存紧紧跟在后面，两个人一边走一边说话。

冯爱立向张修存坦诚地说着自己的情况："俺自从当了书记，力没少出，心没少操，可就是没搞出个名堂来，摘不掉村里的'穷帽子'。唉！东水峪村穷得很啊！今后我给你当助手，有什么事您尽管吩咐，咱们一起想办法把脱贫工作做好。"

"既然来了，我们就是一家人，不要见外。我们一起想办法吧！"张修存对村里的情况还不了解，脑海中一时还没有具体的思路，对如何开展工作还比较模糊。

沿着崎岖狭窄的山间小道，他们吃力地向山上的村庄走去。冯爱立边走边嘱咐他注意脚下的石头，别被绊倒。

又走了一段石头路，他们终于进到山里。这时，冯爱立指着前面的几间破石头屋说："这是咱东水峪的一个自然村，叫东山村。再往上看还有两个自然村，一个叫大泉，另一个叫石板房。"

在快走到半山腰的时候，冯爱立见张修存累得气喘吁吁，就在几间破草屋前停了下来，让他坐在路边的石头上歇息一会儿。

张修存坐下来，掏出纸巾擦了擦脸上的汗水。

冯爱立注视着他，上下打量了一番：这位新来的"第一书记"，中等身材，五官端正，举止稳重，没有官腔，更没有一点高高在上的架子，给人平和亲近的感觉。看上去三十七八岁的年纪，虽然不是那么高大魁梧，但不失英俊潇洒与阳刚之气。他红润的肤色，让人感到他心底的赤诚；他灵动的目光，透着睿智和机敏。冯爱立不禁对他暗自喜欢起来。

张修存抬头往山顶上一看，这哪里像个村子呀。只见半山腰里分布着一些破旧草房，像是隐蔽在山坳里的“原始部落”，在大小山头的遮掩中若隐若现。他接着转身向北望去，看到的是一片山洼，山洼里零零星星地耸立着几棵久经风霜的老松树，松树旁也有十几间破旧的茅草屋，草屋前面有一些零零散散的地块儿。再往前看，有几棵老槐树倔强地挺立着，枝条被山风吹得簌簌抖动。稀稀疏疏的破草房零零星星地散落在沟梁上，弯弯曲曲的羊肠小道把位于半山腰的三个自然村连在了一起。

不知是上天的不公，还是祖宗的失误，让这里的人们祖祖辈辈蜗居在这偏远的山沟里，日出而作，日落而息，艰难地为“嘴”忙碌……

冯爱立介绍说，村里的路全是土和石块铺的，机动车基本不能行驶。一到下雨天，走起路来两条裤腿全都是泥。粮食粉碎主要靠石磨、石碾，耕种也基本上凭镢刨锨挖，运输就靠两个肩膀、一根扁担。

冯爱立边介绍边感慨地说：“张书记，您看看，住在这样的穷地方，想脱贫致富难度有多大啊！前些年政府为村里通上了电，村里有人办了个磨坊，可村民为了省钱一般都在自己家用石磨磨，所以他们也挣不到钱，不到逢年过节基本不开机器。木犁、锄头还是这里农业生产的主要工具。”他非常无奈地叹了口气。

张修存听了非常诧异，他压根儿没有想到，改革开放这么多年了，这里村民的劳动工具和劳作方式竟然还是这么原始。

山风吹拂着张修存有些蓬乱的头发，他站在高高的山冈上，眺望着远处一座座荒凉的山头，百感交集，感慨万千。

冯爱立见他望着远方的山头发呆，又说："最让村民发愁的是水。在这十年九旱的山窝里，遇到干旱，山上唯一的一口水井很快就见底，喝水需要挑着水桶到3公里外的山下去挑。"

他转身指了指山下说："那边山下有处小山泉，全村人用水全靠它。"张修存顺着他指的方向往山下看了看。

冯爱立接着说道："因为水，这里曾发生过排队让人揪心的事：有一年年三十的下午，有个姓李的老汉到山下去挑水煮水饺。因为到山下挑水的人太多，村民们往往需要在山泉旁排队等候大半天才能弄到一桶水。李老汉好不容易才接到水，可是天色已晚，路面结了冰，路滑难走，李老汉挑着水走不了几步就得停下来歇歇，结果走着走着跌倒了，木桶里的水全倒在了地上，他只好再返回山下，重新排队挑水。等到他把水挑回家时，已经是大年初一的早上了。"

冯爱立说到这里，鼻子酸酸的。他从衣袋里掏出一盒白色"将军"牌香烟，取出一支递给张修存说："张书记，您来一支吧。"

张修存摆摆手，摇了摇头。

冯爱立一边抽烟一边叹气，淡淡的烟雾笼罩着他那张黝黑粗糙的脸："唉！俺东水峪村的人命苦啊，祖祖辈辈在这山里熬日子，年年月月在山里刨食吃。"

他和冯爱立呆呆地站在山冈上，望着那些历经岁月侵蚀，承载着无数辛酸的老屋，茫然地叹息着。

他心情沉重地问冯爱立："这里居住环境这么恶劣，村民年复一年地过着这么贫苦的生活，为什么还要住在这里？怎么不搬到山下平坦的地方去住呢？"

冯爱立叹了口气说："唉！生处不嫌地面苦啊！这是老祖宗选的地方，谁也没想过要离开。再说要搬到山下住，哪有钱盖房子啊！"

冯爱立边抽烟边向他介绍，东水峪村由四个自然村组成，其中一个在山脚，而东山、大泉、石板房三个自然村都散布在半山腰，这里土地贫瘠，多数地块无法种庄稼，村民主要以种植花椒为生。由于没有公路，交通不便，花椒滞销卖不出去，严重挫伤了村民的生产积极性。村里的年轻人都到外地打工去了，剩下的多为老弱病残，是个典型的"空心村"。

村里有些大龄男青年，为了娶个媳妇，什么办法都想过。有用转亲的(就是张三的女儿嫁到李四家，李四的女儿嫁到王五家，王五的女儿嫁到张三家)，也有用换亲的（就是两家男女直接对换），还有到外村当养老女婿的……什么花样都有。即使这样，村里的"光棍"还是很多。村里穷，本村的姑娘不愿意嫁给本村的男青年，外村的姑娘又不愿意嫁到这里来。

面对这样一个超乎想象的深度贫困村，张修存感到身上的压力巨大。冯爱立抽完烟，又领着张修存继续往前走。他指着前面的一片破石屋说："这个自然村就是石板房，人送外号'穷命村'，是东水峪最穷的一个自然村。"

"那咱就进村里去看看吧！"张修存说。

张修存环视了一下，突然觉得似曾相识，就好像来过一样但他又回忆不起是什么时候来过，感觉好像在梦中。他又仔细地回忆了一下，突然想起来了，这不就是在临沂培训时看过的影片《沂蒙六姐妹》中的场景吗？难道这里是影片的拍摄地？

"冯书记，这里拍过《沂蒙六姐妹》吗？"

"嗯，拍了好几个月呢。"得到冯爱立的肯定后，张修存喃喃自语："怪不得感觉这么熟悉。"

"您赶了那么远的路，肯定累了。今后时间多得很，我还是先领着你去住的地方安顿下来，好好休息一下，改天有时间再去看吧。"

冯爱立指了指山的北面说："村里怕你住在山上不方便，就把原来北山下的一间村办公室收拾了一下，里面还算干净。走，咱们先去住下吧。"

"冯书记，我今天第一天来咱东水峪村，对村里的情况不了解，还是先到村民家里看看他们，了解了解他们的生活情况吧。"

冯爱立见他主意已定，只好点头同意。他叫过来一位路过的中年妇女说："这是省里给我们派来的'第一书记'，是来帮咱们村脱贫致富的。你把他的行李先送到村办公室去，我带他在村里转转。"

那位大嫂答应着，一手接过行李箱，一手拿过张修存肩上的背包离开了。

路过一家村民门口时，张修存要冯爱立停下来："冯书记，咱就到这户村民家里看看吧。"

他弯下腰跨过低矮的门槛，进屋一看，昏暗的室内凌乱不堪，锅灶前杂乱地堆着一堆柴草，柴草右边是一个泥瓦罐，屋内除了几件农具外，没有一件电器。屋内有个小里间，他探下身子往里看，里面一团漆黑。黑暗中，一股潮湿的霉味向他袭来。冯爱立划着了一根火柴，点亮一盏小油灯。借着昏暗的灯光，他看到一位瘦骨嶙峋的老人躺在土炕上，盖着一条又脏又破的棉被，不停地呻吟着。

他来到炕前，看到老人病得厉害，伸手摸了摸老人的额头，感觉有些发烫，便关心地问道："大爷，您怎么啦？感觉哪里不舒服？"

老人听到有人说话，便缓缓翻过身来问道："你是谁啊？哪里来的？"

老人问完后惊诧地盯着张修存，上上下下打量他。

冯爱立凑上前，大声对老人说："老憨头，这是刚来咱村的张书记，他来看望你了。"

冯爱立知道老憨头耳背，有意提高嗓门。

老憨头听说是新来的书记，一下子爬了起来，睁大眼睛问："新来的张书记？这么年轻啊，今年多大了？"

"我今年三十八岁，不小了。我来了咱们村，今后咱们就是一家人，你有什么困难和要求，只管对我和冯书记说，我们会尽力帮你解决。"

老憨头的哮喘很严重，呼吸有点困难，接着又不停地咳嗽起来。

他咳了一会儿接着说："自从去年冬天我得了这病啊，咳得我脖子都肿了，厉害的时候都会咳出血，可到现在这病也不见好。农时不等人，眼看下种的时间到了，我心里急啊！"

老人边说边坐了起来。

"大爷，您快躺下休息吧！"

张修存转身问冯爱立："村里有医生吗？你安排医生来给他看一看，顺便送些药来。"

老人听说送药来，急得直摇头，连连拒绝说："不用，不用！我不吃药，吃药得花钱，我哪有钱吃药啊！再挨几天，我病就好了，就能下地干活了，千万不要让村里的医生过来，千万不要让他来。"

老人怕花钱，于是连连拒绝。

张修存从衣袋里掏出300元钱，塞到他手里。

老汉咋说也不收，推让了半天，在张修存的再三劝说下，他才把钱收下。

经询问，老汉姓单，叫单士广。

单老汉屋内西南角的地上放着一个尿罐，不时散发出阵阵难闻的气味。冯爱立怕张修存受不了，便催促道："张书记，咱们再到别的地方去转一转吧。"

"再坐一会儿，我和单大爷再聊几句。"

张修存说完又跟单老汉聊起来："大爷，您今年多大岁数？咳嗽多长时间了？"

“我今年六十九，活得够长了。人家都说，人活七十古来稀，我也到了该死的时候了。”老汉有些悲观地说道。

单老汉说着说着又咳嗽起来。

“大爷，你不能这么想，现在生活条件好了，活过一百岁的人多的是，比起他们来，你可不算老啊！你家的孩子都去哪里了？”

“我就一个儿子，去临沂打工了。唉！说来我也命苦，去年我那老伴得了精神病，嘴里整天嘟嘟囔囔地在山上东转西走，有一天晚上出门跌到山沟里摔死了。老伴死了，儿子也走了，家里就只剩下我这一个老头子。有时候想想，活着也是受罪，还不如死了算了。”

“单大爷，您千万不能这样想。一定要相信，咱们的日子会一天比一天好的，要鼓起勇气，振奋起精神来！我到咱东水峪村来，就是和大家一起消灭贫困的！”

他对老人进行了一番劝慰，见老人情绪有了好转，才与老人告别。

单老汉望着张修存离去的背影，自言自语道：“世上竟然会有这么好的人，平白无故给我钱，这不会是做梦吧？”他又把装在衣袋里的300元钱取出来，攥在手里翻来覆去地摩挲着。

张修存走出单老汉的家门，心里酸酸的。

冯爱立见张修存忧心忡忡，沉默不语，就说：“单大爷排名老五，村里人都叫他单老五。原来他见了人有说有笑，自从老伴去世、儿子外出打工之后，就完全变了个人，成天寡言少语、唉声叹气，现在见了谁都不说话，只知道闷着头下地干活。别看他身体干巴，以前干起活来像头牛，不知道啥原因就病成这个样子了。”

张修存心里五味杂陈，跟在冯爱立后面好半天没说话。

冯爱立见天已过午，到了吃午饭的时候了。就对张修存说：“天晌了，肚子饿了吧？您到我家吃顿便饭吧。”

“冯书记，我肚子不饿，你要是饿了，就先回家吃，我再到村里转转，熟悉熟悉情况。你吃完午饭后，安排一个村医给单大爷看看病，有什么情况，你再回来告诉我，可以吗？”

冯爱立说：“既然您不饿，我也不饿，我就陪着您转转。”

张修存问：“像单大爷家这样的贫困家庭，全村有多少户？”

“多着呢，得有30多户。”

他和冯爱立边走边聊，迎面走来一位肩扛镢头看上去八十多岁的老汉。老汉肩上搭了杆旱烟袋，看来是刚干完活回家吃饭的。

冯爱立笑着问道：“孙犟头，下地干活去了？”

孙犟头好像没听见问话一样，面无表情，毫不理睬。一扭头，转身气呼呼地从路边的地里走过去了，给了冯爱立一个没趣。

“这个孙犟头，60多岁了，是个老光棍，长年住在山里，性格古怪，是个有嘴不说半句话的闷葫芦，脾气犟，见了谁都满脸不高兴，像是谁欠了他什么似的。他对村干部很有偏见，对村里工作有意见，时常牢骚满腹，从来不和村干部说一句话。”冯爱立说。

张修存见老人愤愤地走远，心里暗暗地想，东水峪村不仅仅是自然条件恶劣、群众生活贫困，而且干部和群众的关系也不太和谐啊。

他心里一直惦记着单士广的病情，建议再到单士广家里看看。

他让冯爱立打电话问村医，单士广得的是什么病，需不需要去山亭医院。

村医电话中说，单老头现在并无大碍，只是患了重感冒，吃点药就会好的。

张修存听了以后，这才把心放下来。他和冯爱立一起，又看望了3个自然村的11户村民。每到一家，他都要详细询问他们的生活情况，征求他们对村里工作的意见，凡是群众反映强烈的事情，他都认认真真地记了下来。

转了半天，看到三个自然村的荒凉面貌和村民的贫困境况，张修存不禁有一种清冷、凄凉之感。他深深地感到时间的紧迫、工作的艰难和自己肩上背负的责任重大，不禁长长地吁了一口气。

在来东水峪前，就听说过这里很穷，但没想到竟然会这么穷！下午5点，天快黑了，山村渐渐沉浸在夜幕中。在冯爱立的一再劝说下，他才停下了继续走访的脚步。

“张书记，今天您第一天到俺东水峪村来，一整天了，您只在几个农户家喝了几杯水，肚子肯定饿了，到我家将就着吃点儿东西吧，也算是我代表村民给您接个风，您看行不行?”冯爱立问道。

“谢谢，冯书记。天这么晚了，不再去你家添麻烦了，我的包里还带了点儿吃的，今天先对付一下，明天再到你家里拜访。今后，我们在工作上是搭档，在方方面面要好好配合，相互支持；在生活上是朋友，相互关心，相互帮助。如果我哪里做得不到位的，还请冯书记多谅解。我来驻村的主要任务就是抓党建促脱贫，希望在我们的共同努力下，能让东水峪村的父老乡亲早日脱离贫困，早一天过上好日子。”

“山里人见识少，没有学问，您可别笑话俺。您是城里来的人，眼界比俺高，看得远，今后俺得好好向您学习。哎！山庄不像你们城里，到处都有饭店酒楼，这里方圆十几里地都找不到一家饭店，如果您不愿意到我家去吃饭，那就算了。奔波一天，您也累了，您就早点回去休息吧。”

冯爱立把张修存送到村里为他收拾好的那间小屋。

小屋还算整洁，一张木板床上放着一床军绿色的被子，靠南的窗户前有一套老旧的办公桌椅，桌上没有台灯，只有一个电热壶，房梁上垂下一个昏黄的灯泡，木制脸盆架上有一个塑料脸盆，旁边是一个盛满了水的水桶。让他惊奇的是，床头的木箱子上，还有一台旧电视机。冯爱立尴尬地笑笑说：“我们这里条件差，委屈您了，您看看还缺什么，我们明天再到镇上去置办。”

张修存看着屋里的环境，这和他今天走访的贫困村民家庭相比已经是天壤之别了。

他紧握着冯爱立的手连声说：“谢谢！谢谢！”

冯爱立坐在床沿上和他寒暄了一会儿便和他握手告别。

他送走了冯爱立，站在村委没有院墙的院内，虽是饥肠辘辘、疲惫不堪，却没有马上进屋休息，而是呆呆地站在小屋前，望着不远处黑黝黝的群山。这里没有歌声和笑语，没有明亮的灯光，只有黑漆漆的一片沉寂。眼前凄凉的景象如同一盆冷水泼到他激情燃烧的火焰上，原有的那股雄心、豪情已荡然无存。

想象总是美好的，可是当一个人真正走进现实的时候才会发现，想象和现实间有多大的差距！今天刚进村，张修存就被村里的贫困现状震惊了，他快速地整理了一下思路，总结出“五个没想到”：第一个没想到是村里的贫困户竟然这么穷。在四个自然村里，村民住的房屋全是用石头垒起来的，阴暗潮湿、漏风漏雨。第二个没想到是基础设施这么差。山路蜿蜒崎岖，行走困难；村民饮用水更困难，来回要走几里的山路到山脚下去挑。第三个没想到是村里连续十几年没有一家娶过媳妇。第四个没想到是大部分村干部只会写自己的名字。第五个没想到是村集体竟然多年来没有一分钱收入。难怪今天走访时有的村民这样说：“不是因为俺们对村干部放心，而是全村都知道村集体根本就没有挣过一分钱。”这“五个没想到”让他十分难受，同情、难过、心酸交织在一起，揪着他的心。

“面对这样一个极端贫穷的地方，在一年的扶贫时间里，张修存你能有什么办法改变这一切吗?”他扪心自问。

此时，他有种心灰意冷、无力回天的感觉。他心里明白，仅凭一纸任命书和一腔热血，要在这里创造脱贫致富的奇迹，无异于天方夜谭。

他回到屋内拿出妻子为他准备的生活用品收拾了一下，倒了杯水，掏出几个熟鸡蛋和面包心不在焉地吃着。

三　一夜无眠

在人类历史上，富足总是带来稳定，贫穷则容易导致混乱。尽快消除贫困，对实现国家的长治久安意义重大。我一定要听党的话，勇于担当，砥砺前行，让东水峪村早日告别贫困。

——张修存日记

夜已深，张修存半躺在床上，一点睡意都没有。他索性爬起来坐到桌前，拿起桌上的那份村干部为了方便他了解村里的情况，特地为他准备的东水峪村简介看了起来。在昏暗的灯光下，一堆数据映入了他的眼帘：东水峪村共有农户226户，其中贫困户106户，贫困率占46.9%。全村1006人，大部分是小学以下文化程度，其中：残疾人34人、五保户18人、低保户56人、未成年孤儿6人。

看到这一堆数字，他感到压力更大了。

翻山越岭奔波了一天，累得他腰酸背痛，疲惫不堪。他多么需要美美地睡上一觉，好好放松一下，但躺在床上，翻来覆去却怎么也睡不着。

屋外的风越刮越大，不时拍打着窗户，发出尖厉的声音。他突然听到窗外传来了狼嚎，声音越来越近，仿佛就在他住的小屋附近。

他想起白天冯爱立对他的嘱咐：晚上最好别一个人出去，不久前这里发生过一起夜间狼觅食伤人的事情。有个名叫冯志远的村民晚上下山，不慎把腿摔伤了，两只恶狼眼露凶光向他扑了过去，他用尽全力拼命抵抗并大声呼救，多亏两个过路人听到呼救声赶了过来把狼赶跑。要不然，冯志远早就没命了。想到这里，他紧了紧身上的被子，把全身都裹了起来，真的担心会有狼冲进来。

他索性不再强迫自己入睡了，翻身起床，摸起一根木棍，打开在部队时就一直伴随他的强光手电走出了小屋，让夜风吹拂一下那昏昏沉沉的大脑。

大山深处的夜晚，沉寂而苍凉，一位热血男儿正面临着一个巨大的挑战，激荡的心在剧烈地跳动着……

他想起在“第一书记”培训班上自己慷慨激昂的发言：“驻村扶贫工作是以习近平总书记为核心的党中央做出的重大决策，也是每一个共产党员的责任和情怀。改革开放这么多年了，贫困山区的父老乡亲还在忍饥挨饿，任何一个共产党员都不能忍心让这种现象再继续下去。在扶贫工作中，哪怕遇到再大的困难，我也要勇往直前，绝不退缩！”

一想到这些，他仿佛又听到嘹亮的军号声在耳边响起，回到了那铁血奔涌的军营。在军人面前，没有克服不了的困难！

瞬间他又充满了勇气和力量！

他开始为自己刚刚的恐惧感到可笑，也为自己的脆弱感到羞愧，思绪也渐渐回到如何完成任务上。他想，在这里开展工作是难，但如果不难，组织还让我们来做什么。

他握紧双拳，抱定不屈不挠的精神，向所有的困难展开挑战。

他快步回到屋内，在笔记本上写下了这样一段文字："困难，只能吓倒不敢前行的懦夫，却挡不住征战者的行程。今后即使遇到再大的困难，我也一定要克服它！不做过路客，誓做山里人。黄沙百战穿金甲，不破楼兰终不还！"

四　寻找切入点

改变东水峪村贫困落后的面貌从何处入手？如何抓好党建为民服务？采取哪些有效方式实施精准扶贫？张修存在来之前，曾经做过思考，写过一个工作提纲，但来到这里一看，原来准备的几项措施，几乎都用不上了。他决定从走进群众、融入群众做起，从与群众的深度交流中寻找突破口和切入点。

接下来的日子他每天走入村民家中与他们促膝交谈，了解他们的生活疾苦，聆听他们的要求和对村“两委”工作的意见。院落里、炕沿上、田间地头……到处都有他与村民亲切交谈的身影，到处都印证着他与村民息息相通的民生情怀。

这天一早，他再次来到大泉自然村走访。刚走近两间破石屋，就听到“汪汪汪”的狗叫声。

他走进院内，狗叫得更凶了，一个劲儿地朝着他狂吠不止。他急忙从门后柴堆里抽了一根棍子握在手里，与大黄狗对峙着，等待这家主人的救援。

他环顾四周，发现院子里又脏又乱，左边堆了一堆山草，右边堆了一堆猪粪，另有几只老母鸡在觅食，院子里到处都是鸡屎。

大黄狗叫得越发疯狂，眼露凶光。

听到狗叫，屋里走出了一位四十多岁的中年妇女。她个头不高，又黑又瘦，上身穿一件蓝色旧棉袄，下身着一条带着补丁的黑色棉裤。她见院里站着一位陌生青年，满脸诧异，问道："你是哪里来的？你找谁啊？"

"大姐，我是刚到咱村里的'第一书记'，姓张，叫张修存。今天到你家来是想了解一下你家里的情况，看看有没有什么困难，听听你对村里工作的意见。"

听他这么一说，大姐满脸惊疑的神色立即消失了，微笑着说："哦，原来是上级派来的干部啊！你别见怪，都怨俺不认识你，快进屋里坐吧！"

她见那只大黄狗还在一个劲地叫，便对着它大声呵斥道："黄黄，别叫了，快到窝里去。"

大黄狗似乎能听懂主人的话，接着就不叫了，摇着尾巴，乖乖地回到窝里去了。

大姐把他领进屋里，屋里的摆设十分简陋。

大姐介绍说："俺家共有五口人，丈夫在临沂的建筑工地上干活，俺带着两个孩子和婆婆住在一起。婆婆身体不好，常年卧病在床，大女儿秀秀上高中二年级，儿子读初三。前天俺打电话和丈夫商量了一下，准备让大女儿退学回家帮俺干活，只供儿子上学。要是让两个孩子都上学，家里供应不起啊！”

张修存听后说：“大姐，孩子上学是大事，关系到孩子的前途。家里再困难，也不能让孩子辍学啊！”

大姐叹了口气说：“俺孩子他爹在外面拼死拼活挣点钱，都用来给俺婆婆治病了，现在家里还欠亲戚家5000多块钱。要不是欠人家钱，俺怎么也不忍心让孩子退学啊！实在是没有办法。”

当问到家里有没有其他收入时，大姐摇了摇头说：“前几年俺想靠养羊攒点钱，谁知道刚养了半年，就被小偷盯上了。邻居家养的两只羊被小偷偷去以后，吓得俺晚上把两只老母羊拴到床腿上，结果还是被偷走了。都怨俺晚上睡得死，没听到小偷进屋的声音。两只母羊被偷走，疼得俺连着两天吃不下饭，哭了一天一夜，后来就生了一场病，光住院就花了3000多块钱。这些可恨的小偷，真该千刀万剐！咱山里人就靠养羊才能有点收入，可是小偷那么多，谁家还敢养？前些年农忙的时候，村里还经常出现被撬门别锁的事，弄得大家人心惶惶的。张书记，俺不跟你说这些事了，就想问问你，像俺家这样的情况，能不能吃上低保？”

“够不够吃低保的条件，我说了不算，上级有低保标准，等我回去和村委干部们一起研究研究，如果你家符合低保条件，一定按程序向民政部门申请。”张修存说。

“那先谢谢你了。”大姐很直接、很爽快地说，“村里这么穷，秩序这么乱，你来当‘第一书记’，得好好治理治理。”

张修存见这位大姐说话很坦率，又向她询问了村里的其他情况，并一一记在心里。他还嘱咐大姐千万别让孩子辍学，他会想办法帮助她家渡过难关。临走时，他问了一句："大姐，你叫什么名字？"

"俺叫王学英。"

张修存从王学英家出来，又喊来了冯爱立、村主任和村会计，四个人见了面，简单商量了一下，决定一起去村民冯兆明家里，征求他对脱贫工作的意见，听听他对改变村庄面貌的看法。

冯兆明头脑灵活、点子多，是村里的一个致富能人。他们这次登门拜访，就是为了总结推广他的致富经验，同时把他吸收为村里的议事小组成员。

他们四人来到冯兆明的家里，受到冯兆明的热情接待。

张修存开门见山地问道："冯叔，你家是咱们村里的富裕户，大伙都说你有思路、有眼界，致富有门路。今天我们'两委'成员专门来向你请教，听听你对咱东水峪村脱贫有什么想法。"

"不敢不敢，这话过奖了。咱东水峪村受穷的原因很多，但俺感到根本的原因是受居住条件的限制。居住在这样的山坳里，上山下山都困难，就是神仙也没法让村民富起来啊！"冯兆明连连摇头说。

交谈中，大家坦诚相见，谈得很是投机，冯兆明对如何改变东水峪落后面貌也提出了一些建议和措施。

张修存在与冯兆明的交流中听出了门道，不禁心头一亮：为什么就不能让村民全部搬到山下去居住呢？

张修存一行告别了冯兆明回到村委办公室，冯爱立立即通知“两委”干部召开“两委”会。

会上，张修存把在东水峪村所掌握的情况作了简要介绍，接着把制约东水峪村经济发展的根本原因摆了出来。他要求大家出主意、想办法，人人发言，各抒己见。“两委”干部们你瞅瞅我，我看看你，都不说话。

沉默了一会儿，终于有个村干部发言了：“都怨我们老祖宗当初选错了地方，把我们带到这深山沟里住，祖祖辈辈改变不了的事，到了咱们这些人手里，谁也不好改变啊。”

张修存听完他的发言，鼓励大家说：“就因为祖祖辈辈没能改变，今天落到了咱们手里，就必须得改变它，决不能再这样拖下去、穷下去，更不能让咱们的下一代继续受穷。”大家七嘴八舌地议论着，讨论会开了一个通宵。

会议结束后的第二天，张修存一早便匆匆地来到冯爱立的家门口，急切地敲着他家的门。冯爱立把门一打开，张修存就笑着说：“冯书记，我想到了一个拔掉咱村穷根、脱贫致富的好办法。咱赶紧再召开个‘两委’会讨论一下，你看怎么样？”

冯爱立一听，心里迫切地想知道情况，赶忙问：“张书记，什么好办法？您快说给俺听听。”

张修存故意卖关子，说道：“你把‘两委’干部都喊齐了我再说吧。”

于是，他和冯爱立分头把村“两委”干部一一喊来，再次召开会议。

会上，张修存对大家说："我有个能让咱村脱贫的好办法，大家讨论一下，看看可行不可行。"

"两委"干部听了，个个瞪大了眼睛，目光一下全聚集到他的身上。

冯爱立先接上话茬说："张书记一到咱们东水峪村，就一心扑在工作上，眼熬红了，人累瘦了，他是为了什么？这几天我一直在想，有这样好的带头人领着咱们往前闯，咱们有什么理由不跟着他好好干呢？咱们一定要跟上去，为改变咱村的落后面貌，贡献一份力量。"

冯爱立的话音一落，大家也都争着发言，纷纷表示："张书记要我们怎么干，我们就怎么干，绝不扯后腿！"

张修存听了"两委"成员的表态，心里很振奋，于是动情地说："咱们都是'两委'干部，有责任带领全体村民艰苦创业，脱贫致富，彻底改变咱村的贫穷面貌。当然，要拔掉咱东水峪村的穷根，会面临许多困难，这就需要咱们'两委'干部必须有吃苦耐劳、勇于牺牲的拼搏精神。

紧接着他向大家提出了实施整体异地搬迁的想法。"我到东水峪村以来，通过十多天的调查走访，感到东水峪村交通不便、自然条件恶劣是制约全村发展的首要因素。要想扫除这阻碍经济发展的'拦路虎'，就要对石板房、东山和大泉三个自然村实行整体异地搬迁。"

实行三个自然村的整体异地搬迁？这对每个"两委"干部来说，如同石破天惊，震动极大。尽管有的"两委"干部听后怀疑，但他们还是钦佩和相信张修存的这一大胆设想。

冯爱立通过十几天来与张修存的亲密接触，一直被感动着。他紧接着张修存的话茬说："我非常赞成张书记这一大胆设想，坚决支持，只要能让东水峪村脱贫致富，我就是扒几层皮、掉几斤肉也心甘情愿！"

他们目睹过历史，更期望见证未来。突破口和切入点找到了，大家在沉默中等待着脱贫致富的钟声敲响。

五　开启千年之变

人的思维是了不起的，只要专注于某一项事业，就一定会做出使自己都感到吃惊的成绩。

——马克·吐温

劈不开荆棘路，走不出阳关道。张修存想，要彻底摘掉东水峪村的贫困帽子，让村民早日走上富裕之路，按常规去做是不行的，必须要勇于改革，要“大破大立”。只有冲破旧的传统观念和行为习惯，做前人不敢做的事情，闯出一条新路子，拓出一个新环境，才能打造一个新的东水峪。

改善村民居住环境，实施村庄整体异地搬迁，是张修存到达东水峪村后，打的第一个硬仗。

为了打好这一仗，他走村入户向村民宣传整体搬迁的意义，消除村民对搬迁存在的种种顾虑。

这天晚上，他从村民冯志绪家出来，已接近11点。这是他走访的最后一户贫困户。在一个月的时间内，他把全村106户贫困户都走访了一个遍。他在走访中摸清了村里的实情，听到了村民的呼声和愿望，同时也把实施全村整体异地搬迁的好处和意义宣传得家喻户晓。

冯志绪过去是村里的老支书，他非常热情地接待了张修存。在交谈中，他讲起了自己当村支书时的一些情况。在讲到东水峪村多次被评为计划生育先进村时，他非常难过。“那些奖牌领得让人心酸啊！看着那些奖牌，我心里是既沉重又难受，越想越觉得这奖牌领得太不光彩。有一次去区里领奖，回来的路上，路过一个山洼，我伤心得再也走不动了，蹲下身子，把奖牌一放，号啕大哭起来，不哭俺心里难受啊！”

“村里被评为先进，去区里上台领奖是件非常光彩的事，老书记你为啥还哭，还这么伤心呢？”张修存听了感到十分诧异，便向老书记问道。

“你知道东水峪村为什么会被评为计划生育先进单位吗？”老书记抬起头来，两眼盯着他问。

张修存瞪着一双迷惑的眼睛，向老书记摇了摇头。

“你可能也了解，那些年计划生育工作被称为第一难的工作。特别是咱这穷山沟里，群众重男轻女，传宗接代的思想特别严重，生了女孩没有男孩的家庭，怎么也得生出个男孩才行。所以，即使计划生育罚款再多，也禁止不了一些家庭超生。东水峪村为什么人口不但不增，反而逐年下降？那是因为东水峪村十多年没有娶进村的新媳妇，村里光棍多啊！我抱的这奖牌对东水峪村来说就是个耻辱！”

老书记脸上现出了非常痛苦的表情。

“从那次领奖回来，我把奖牌一放，脚一跺，咋说也不再当这书记了。”

听了老书记的述说，张修存的心里同样觉得不是滋味。如果再不实施整体异地搬迁，这里的贫困面貌依然难以改变，这让他更加坚定了搬迁的决心。

在整体异地搬迁的讨论会上，他向全体“两委”干部提出，一定要齐心协力，共同打好对位于半山腰的三个自然村实施整体异地搬迁的攻坚战。但多数人表示怀疑：“实施整体异地搬迁固然好，可这得需要投入大量的人力、物力啊！最关键的是钱从哪里来？”

张修存早就有所预料，他没有直接回答大家的疑问，而是继续分析三个自然村实现整体异地搬迁的问题。他说：“对三个自然村实行整体异地搬迁，不仅需要大量的人力、物力，更主要的是还会遇到很大的阻力。古话说，故土难离。在这里生活习惯了的老年人，尽管生活窘迫，但是真要让他们离开，恐怕还会一时想不通，这就需要咱当干部的靠上去做工作。”

他看到有的村干部在小声议论着，便接着说：“要解决群众的思想认识问题，必须首先解决咱们‘两委’干部的认识问题，只有干部的认识统一了，群众的思想工作才能好做。”

他因势利导，向大家讲述了整体搬迁的美好愿景，接着同大家算了这样一笔账：三个自然村实行整体搬迁需建楼房100套，共需资金

916万元。这些资金从哪里来呢？三个自然村搬迁后腾出土地近30亩，按照国家政策规定，每亩补贴12万元，一共可以补贴350多万元。咱们前期多建28套楼房进行先期销售，每套按20万对外出售，可以收入560万元，这样共计收入910多万元。利用这种运作方式，全村所有搬迁户不用花一分钱就能住上新楼房。

他要求每位“两委”干部都要畅所欲言，发表自己对这次整体搬迁的意见。“两委”干部听完他讲的搬迁计划和资金来源，备受鼓舞，纷纷表示坚决支持整体搬迁这项工作。

在他的深入引导下，“两委”干部很快统一了认识，大家充满信心，铆足了劲头。他见条件成熟，接着组织人员将整体搬迁的意义、时间、补贴、规定等方案全部制定了出来，并把具体方案发到每家每户，张贴到大街小巷。

干部包组、党员包户，宣传教育活动随即轰轰烈烈、扎扎实实地开展起来。

序幕拉开，战斗打响了。张修存撸起袖子、挽起裤管，带领村民推土挑担、搬砖运瓦，开始了奔向新生活的征程。

哪里出现困难，哪里遇到阻力，张修存就一定会出现在哪里。八十二岁的冯至明老人是位思想特别传统的人，顽固地坚决反对搬迁，他对张修存说：“俺祖祖辈辈都住在这里，虽然在这里缺水、没电、走路困难，但这些俺都习惯了，你让俺离开这里，俺对不起俺的老祖宗啊！”

张修存不急不躁，避开这个话题，和他聊起了家常。老汉说："我有一个儿子、两个闺女。两个闺女在青岛打工，都找了婆家，结婚后很少回来；儿子也外出打工去了。老伴三年前去世了，我就靠两个辍学的孙子照顾。去年冬天的一个晚上，我突然肚子疼，疼得在炕上打滚，喊人的力气都没有了。大孙子果果摸黑下山请村医，谁知因天黑看不清路，滚到山沟里把腿摔断了。深更半夜，山里没有人路过，差点把他冻死。直到天亮，多亏有个过路人听到呼救声，才把他背到村里的卫生所医治。村医治不了，又转到山亭医院治疗。当晚等不到孙子回来，我心里那个急呀，真像猫爪子抓那样难受。"老汉讲到这里眼里噙满了泪水。

"大爷，如果咱不在山上住，这样的事情还会发生吗?"

从那以后，张修存有时间就来和老人见个面，同他拉拉家常，让他明白搬到山下居住的好处。在张修存动之以情、晓之以理的劝说下，老人终于解开了心里的疙瘩，愉快地答应搬到山下居住。

在整个搬迁过程中，他整天忙得不可开交，既要翻山越岭做群众的思想工作，又要八方联系资金和制定施工方案。资金保障是压在他心里的一块大石头，如果资金不到位，整体搬迁就是一句空话，只会成为一种幻想。

天不亮，山川还在寂静中，他就再也躺不住了。起床敲开了冯爱立家的门，向他交代了一下村里的工作，带上一名村"两委"干部就坐上了去省城的汽车。

一到省城他们就直奔山东省国土资源厅。到了省国土资源厅门口，保安人员告诉他们，还有一个小时才到上班时间，要他们在大门外等候。他俩到附近的地摊前急急忙忙吃了点饭就又回到省国土资源厅门前等候。到了上班时间，他俩随着上班人员一起上了办公楼。

他们找到土地增减挂钩试点办公室，恰巧李处长也刚刚上班，张修存向李处长汇报了来意，介绍了村里整体搬迁的情况，请求给予政策方面的扶持。李处长非常热情地说："你们来得正是时候，省里刚刚出台了新的土地增减挂钩试点政策，你回去以后抓紧写个申请报告和规划，先交到你们山亭区，通过后再让区里报到枣庄市，等枣庄市把材料报到我们这里来，领导研究决定后就可以按计划实施了。待项目验收合格，我们就马上把补助资金给你们拨过去。"张修存听了喜出望外，他心里悬着的"石头"终于落地了，感激地向李处长连说了几声谢谢。

张修存已经有一个多月没有顾上回家了，女儿几次给他打电话说想爸爸了。他在电话里也答应女儿有时间一定回家看她，全家人团聚一下。但因为工作太忙，这一个多月他都没有抽出时间回家。这次到省城来，本想把事情办完以后顺便回家看看，但想想村里还有那么多事情等着他处理，就打消了这个念头，又坐上了返程的汽车。

一坐上车，他眼前就浮现出妻子疲惫憔悴的面容，父亲望眼欲穿的眼神，女儿活泼可爱的笑脸……他自己安慰自己，自古忠孝不能两全，古时大禹治水，三过家门而不入，古人都能做到的事，自己还能做不到吗？

到了东水峪村，他就迫不及待地赶往工地，恰巧碰到老犟头正怒气冲冲地在与施工队队长争吵。原来，施工人员在施工中不小心把老犟头家里的水缸砸坏了，老犟头要求他们赔偿，施工队坚持不赔，结果双方发生了争执。

张修存的突然到来，让正在理论的双方都感到有些尴尬。施工队李队长怒气未消，压低嗓门说："我们提前通知了住户把该搬的东西提前搬走，可他不听，没有按施工队的要求去做，所以就不该赔偿他。"

老犟头脸憋得通红，很委屈地说道："损坏了东西赔偿，这是天经地义的事。你们施工队把我的水缸砸了，不但不向我道歉，还强词夺理。我还没把东西收拾好，你们就开着挖掘机来施工了，这能怪我？！"

张修存了解情况后，安慰双方先不要争吵。无论是谁的过失，有什么要求，大家可以坐下来慢慢说。为了不影响施工进度，他要求施工队赔偿给老犟头20元钱。老犟头当着他的面又不好意思收下这钱了，他把钱塞进了老犟头的怀里，平息了这场纠纷。

他看到工地上村民们干劲十足、热火朝天的场面，心里宽慰了很多。回到村办公室，他把在省资源厅李处长那里得到的信息告诉了冯爱立。他们又把村会计冯延营喊来，三个人根据村里的情况商量了一下，写了搬迁申请报给区里。在申请上盖好章后，张修存跟冯爱立交待了一下工作，就骑上摩托车直奔山亭区政府。

他向时任山亭区区长李春英简要汇报了去省国土资源厅的情况，

接着把东水峪村搬迁进展报告放在了她办公桌上。

李区长看后笑着说："此事应该特事特办，我会通知区规划局、区国土资源局配合你们工作，尽快做出详细的规划方案，待区政府办公会通过后尽快上报。"

回到村里，他与冯爱立、冯延营又仔细算了一笔账：搬迁安置户72户，改善住房28户，户型有85~150平方米几种，总面积约1.11万平方米。每平方米造价820元，工程总造价910.2万元。按照土地增减挂钩试点政策，可拿到补助350万元。

28户改善住房销售资金预算有了，关键是还没有启动资金。怎么办？这让张修存又陷入了沉思。将多建的28户小康楼，先针对村里有改善住房需求的富裕户进行前期预售，这样既能解决资金不足问题，又有了工程启动资金。这一想法得到了村"两委"干部和村民代表的一致认可。资金不足的问题终于解决了！

2013年4月16日，在区规划局、区国土局和山城街道等相关部门的配合指导下，东水峪半山腰上的三个自然村整体异地搬迁工程正式启动。

经过200多天的昼夜苦干，100套漂亮的新居民楼拔地而起，依山傍水，矗立在东水河畔。小楼新颖美观，街道宽敞整洁，村民们生活怡然。一个充满生机的社会主义新农村社区，在各级党委政府的支持下，在张修存和村干部们的带领下建成了。

东水峪搬迁工程当年拆迁、当年还建、当年回迁，村民们把它称为"山航速度"。为了这"山航速度"，人们不会忘记张修存曾度过多少个不眠之夜，曾付出过多少心血！在楼房建设过程中，他和施工队员吃在一起、住在一起，既当指挥员又当战斗员，每天都冲锋在最前线。

村民们还清楚记得2013年7月份那场暴雨中的情景。张修存扛着100多斤的水泥，带领大家在铺天盖地的狂风暴雨中把水泥运进了工棚，避免几百吨水泥被大雨浸泡。

人们不会忘记，在那些万籁俱寂的夜晚，村民都已进入梦乡，张修存还在建筑工地上转来转去；人们不会忘记，全村男女老少搬进新楼房时的情景。

2014年1月16日，是东水峪村民喜迁新居的日子。这天一早，村里的爆竹声就响成一片，沉寂多年的小山村顿时沸腾起来，从低矮潮湿的石板房、茅草屋搬进宽敞明亮的新楼房，对村民们来说是一个多么难以想象的变化啊！许多人喜极而泣，特别是那些大龄男青年更是欢天喜地、心花怒放，他们再也不用担心因房屋破烂、出行不便找不上对象了。

“搬进新楼房，生活有指望。”村民们搬进新楼房，室内宽宽敞敞、亮亮堂堂；水龙头一拧，水就哗哗地流。他们再也不用走几里山路到山下排队挑水了，更不用担心一不小心会滚到山沟里。整齐的楼房，宽敞的大街，平坦的广场，广场四周种的垂柳和白杨，还有一些从南方引进的花草树木……一个社会主义新农村在连绵的群山下破茧而出。

自来水有了，电灯亮了，村民们敲锣打鼓，竞相庆贺，鞭炮声一阵高过一阵。虽然离春节还有十多天的时间，但家家户户的大门上都贴上了红艳艳的喜庆对联。

七十三岁的村民单士元，一家两口人分到了两室一厅的房子，客厅里整齐地摆放着电视和沙发，厨房里天然气灶、抽油烟机等一应俱全。楼前还有一个小院子，里面可以种些蔬菜、瓜果。和过去住在大泉自然村低矮的石板房相比，简直一个天上，一个地下。他逢人就说，见人就讲，过上好日子了，可不能忘了张书记。他还亲自找到张书记，向他道歉说："俺当时还想不通，不想搬到山下来，现在俺服您了！"

八十二岁高龄的老党员冯老汉站在楼前紧紧握住张修存的手不放，他眼含泪水，激动不已，泣不成声地说："张书记，你真是个有本事的人，来到东水峪村不到一年，就帮咱们盖起了这么漂亮的楼房。真没想到，像俺这样黄土都快埋到脖子的人，还能住上这样好的楼房。张书记，俺这辈子也忘不了你的大恩大德！"

昔日的冯老汉，如今脸上也绽开了灿烂的笑容，他要求和张修存在新房前合个影记录下这幸福的时刻。

压力能够把懦夫压得更加胆怯萎靡，也能够把勇士激发得更加顽强勤奋！如果是懦夫，面对这样的环境和困难，只有愁眉苦脸，唉声叹气，打退堂鼓。而张修存作为党员，又是从部队这座大熔炉里炼出来的一块"钢"，已把人生的信念、追求和价值全部与东水峪村民连在一起了，怀揣一颗报效祖国、献身脱贫事业的赤子之心，砥砺前行。

这次搬迁东山、大泉两个自然村与东水峪中心村合并，组成东水峪社区。在对石板房进行搬迁时，张修存留了一手，他对“两委”干部说：“石板房历史悠久，有很好的保存价值。村民搬下山后，原来的石板房不拆，把它保留下来，通过招商引资，发展乡村旅游，打造原生态古村落，把它改成‘石头部落’，大家看怎么样？”

“这个办法好！我赞成。”冯爱立首先表态。

大家也都异口同声地表示赞成。决定一做出，他就通过多种方式，将外商们引到这里来，帮助打造“石头部落”。有眼光的商家看好了这个地方，想把它发展成为乡村旅游的新热点。

后来，区委、区政府把保留原貌的石板房自然村纳入山亭区整体规划，投资8.5亿元进行旅游开发，使原有的“石头部落”在美丽乡村建设中重放异彩，在新时代的脉动中展现新价值。如今，这里已成为影视剧的拍摄基地，《南下》《铁道游击队》《铁道飞虎》等影视剧，都曾在这里取景、拍摄。

2015 年12月，“石头部落”被评为AAAA级旅游景区，这里只有石头堆彻的墙和石板做成的瓦，古老而又纯朴，巷子里处处透露的悠远韵味吸引着络绎不绝的游人。“石头部落”在获得良好社会反响的同时也为当地带来了极为可观的经济收益。

六　严守规矩过“三关”

孔子曰：“其身正，不令而从；其身不正，虽令不从。”张修存以此作为自己的座右铭，为自己立下三条规矩，并严格遵守，赢得了村民的尊敬和爱戴。

——作者采访手记

得到干部的认可和支持，获得村民的信任和拥护，是驻村扶贫工作取胜的关键！

张修存为此想了很多很多，他对照党章、对照中央扶贫精神最终找到了答案：廉洁才能聚人，律己才能服人，身正才能带人，无私才能感人。对己清正无私、不贪不邪；对人公正真诚、不偏不私。只有这样，才能把村干部团结起来、把村民凝聚起来，同心协力，打赢脱贫攻坚战。

为此，他时刻提醒自己：只能付出，不准索取。要求自己在工作中扑下身子，甩开膀子，做出样子，真心实意为群众办实事、办好事。他给自己立下了三条规矩：不吃群众一顿饭，不给群众添麻烦，不在村里报销一分钱。在村“两委”会上，他向全体干部宣读了他为自己定下的这三条规矩，并请大家监督执行。

扶贫四年多，他严守这三条规矩，从来没有违反过。亲朋好友来村里献爱心、支持工作时，他自己掏腰包到饭店简单吃一顿。他向朋友解释说:“我到东水峪村来开展帮扶工作，一言一行不仅代表着我个人的形象，更代表着党的形象，也代表着山航的形象，请你们理解支持。”

他用自己立下的三条规矩规范自己的行为，也用他的实际行动来影响和带动村“两委”干部，要求大家为民务实，自觉执行党中央提出的改进工作作风、密切联系群众的“八项规定”和党的群众路线教育实践活动的要求。

村“两委”干部看到他严格遵守三条规矩不走样，也都严格要求自己自觉向他看齐，没有一个越规的。

张修存到东水峪村后，村里给他安排的是一间不足十平方米的小屋子，里面又黑又暗，夏天像个蒸笼，冬天像个冰窖。屋里没有空调，冬天没有暖气，洗澡要到离村很远的一个小水塘里去，他在这间小屋子里一住就是两年。

到了南洼村，住的房子更小，而且没有窗户，密不透风。夏天，在屋子里工作，往往写不到一段文字就全身湿透。更让他难以忍受的是蚊虫叮咬，还不到夏天，屋子里苍蝇、蚊子就特别多。每天早上起床，身上都是被蚊虫叮咬的密密麻麻的小疙瘩。

冬天，山村要比城市里冷得多。他的手脚冻破过皮、流过脓，有时让他疼痛难忍。生活上的艰辛，他从来没有对任何人说起过，硬是咬紧牙关挺了过来。

孟子曰：“天将降大任于是人也，必先苦其心志，劳其筋骨，饿其体肤，空乏其身，行拂乱其所为，所以动心忍性，曾益其所不能。”他将这段文字铭记在心，深刻体会其中的含义。

他心里明白，群众最讨厌那些指手画脚、只说不干的人。要想让群众真正信任你，就必须挽起裤腿，和群众肩并肩地一起干，在共同的劳动中建立感情，取得群众的信任。

在荒山开发中，他扛起镢头，和村民一起到山上刨坑、栽苗、培土。因为山上有些地方土层很薄，地下尽是乱石，刨起来非常吃力，不一会儿就会震得胳膊酸麻。只干了一个上午，手上就磨出了血泡，他咬牙坚持。栽培果树苗需要浇水，挑水则需要到一里开外的河里去挑，来回需要走两里多的山路。羊肠小道，崎岖不平，空着手行走都非常吃力，这对他来说是个巨大的体力考验，然而他总是挑着满满的两桶水，非常吃力地行走在山间小道上，一趟又一趟。

“张书记，干这样的活，您累不累，行不行？”有人打趣地问他。

“怎么不行？我年轻力壮，行着哩！”他笑着回答。

有的人知道他是在硬撑，上前夺下钩担要他歇息一会儿，他却硬是握住钩担不放。

晚上回到宿舍，他的肩膀肿了，一碰就钻心地疼。全身累得像是散了架，连床都上不去。可是第二天他照样出现在工地上。经过几年的摸爬滚打，他已不再是刚进村时那副细皮嫩肉的“书生”模样，俨然变成了一个地地道道的农民。

七　真情暖民心

东水峪村有冯、陈、杜、李等23个姓氏，4个自然村散居在方圆十多里的山沟里。

村民居住分散，社情复杂，社会治安混乱，干群关系对立，矛盾纠纷时有发生。

张修存深深地意识到，如不尽快彻底解决这些问题，社会就不会安宁，人心就聚不起来，改变东水峪贫困、落后的面貌就没有希望。

他决定从解决历史遗留事件入手。

村里所有的积压案件，无论时隔多久，难度多大，都一一处理。

“两委”会上，他首先把丁梦国的问题摆了出来，让“两委”干部分析讨论。

“两委”干部都熟悉这起事件。

他刚一提出来，“两委”干部就都摇头：“张书记，你不知道这起事件的内情，这可不是咱们能处理得了的，咱们还是别提了，这个马蜂窝可捅不得。”

冯爱立说：“这起事件已经过去十多年了，是起‘死案’，复杂得很，我看您张书记也解不开这个死结，还是算了吧！”

张修存听了大家的发言觉得很蹊跷，他让冯爱立说说这起事件的来龙去脉。

冯爱立像讲故事一样，绘声绘色地讲了这起事件的来龙去脉：丁梦成和丁梦国是近门弟兄，两家关系一直很好。后来两家因地边的一棵槐树发生了矛盾。丁梦成家靠近丁梦国家的地边上有一棵槐树。树小的时候，对地里的庄稼没有什么影响，所以两家都没在意。后来，随着槐树越长越粗，越长越高，树根扎到了丁梦国家的地里，树冠罩到地里的庄稼，造成庄稼减产。于是丁梦国找到丁梦成，要求他把槐树刨掉，但丁梦成却舍不得刨，于是两家就发生了矛盾。

由开始的争吵辱骂发展到后来的动手殴打。就在两家争吵殴打得最厉害的时候，不知道是谁把老槐树的树皮给扒掉了，不久这棵槐树就死了。

丁梦成看到槐树被扒了皮，火冒三丈，怀疑是丁梦国把他家的树给弄死的，心想明人不做暗事，他竟然做出了这样无耻的事情来，便找到丁梦国，破口大骂。两家又动手打了起来。

说来也巧，老槐树死了没有几天，丁梦成家地里的麦苗被人给糟蹋了，他怀疑这事是丁梦国干的，便到镇上派出所报了案，要求立案调查处理。派出所民警尽管做了调查，但一直没有找到线索，只好给两家进行了调解。调解后，两家的矛盾依然没有彻底解决，丁梦国多次向上级反映，都没有结果。

听完这起事件的过程，张修存觉得的确有点复杂，但他没有因为复杂棘手而放弃，而是下决心要把这起“积案”处理好。

他先到丁梦国家做工作。一进他的家门，丁梦国就迎了上来。得知张修存是来帮助他处理问题的，很是高兴，双手握住张修存的手说：“终于盼到有人管我的事情了！您就是新来的张书记吧？”

张修存点点头，拣了块木墩子坐下。没等他开口说话，丁梦国又要求说：“我这‘案子’都十多年了，没人管也没人问，张书记，您这次来了，可一定得主持正义给俺个说法啊！”

“丁大爷，你们的问题我调查了解过，只要你提出的条件合理，好好配合我们的工作，我会帮你们尽快处理好的。”

丁梦国很尊重这位新来的“第一书记”，感觉他很体谅自己，态度和善热情，便原原本本地将事情的具体经过向他讲述了一遍。讲到气愤处，嘴上的山羊胡子一个劲儿地颤抖：“这么多年了，不但事情没解决，还说我是个不讲理的人，你说说，世上哪有这个理儿？气不气人啊！”

张修存听后，很亲切地对他说：“你向上级反映了这么多年，吃了不少苦，受了不少累，也没有弄出个子丑寅卯来。这就需要你好好总结一下，问题究竟在哪里？你也要多从自身找找原因。我这次来，就是希望能合理地处理好这件事，希望你能好好配合。”

丁梦国听后，连连表示："事情过去这么多年了，你要是能帮俺老汉处理，俺一定好好配合。你要是处理好了，俺永远忘不了你。但您得公正处理啊！"

他见丁梦国也不是个不讲道理的人，觉得这起事件并没有大家想象的那么难处理，于是一下子有了信心。

他从丁梦国家里出来，虽然肚子很饿，但顾不上吃晚饭，就一头扎进丁梦国的"老邻居"丁梦成家。

他和丁梦成闲扯了几句后，就聊起这桩事件来。

一提起这事，丁梦成就气不打一处来，咬牙切齿地说："俺这辈子都不会忘了他对我的伤害，为这事我受过党内警告处分，他还没完没了，到处告我。"

他见丁梦成火气很大，就劝说道："冤家宜解不宜结，大家都是乡里乡亲的，况且又是近门兄弟，有必要非争口气不可，把兄弟关系弄得这么僵吗？这样下去，对你们两家都没有好处，只要双方姿态都放高一点，都能互相谦让一些，问题不就解决了吗？事情都过去十多年了，我看也到了该结束的时候了。"

丁梦成听了他说的一番话，虽然还是耿耿于怀，但感觉他说的句句在理，也把埋藏在心里十年多的话说了出来："丁梦国这么多年来也确实很不容易，在事情刚发生的时候，俺也觉得和他是近门兄弟，不应该非成为仇家不可。"

张修存接着这个话题，对丁梦成动之以情，晓之以理，循循善诱地开导："如果继续这样，冤冤相报何时了？你一定要明大理，别钻牛角尖。"

张修存一番恳切的话，直说得丁梦成有了和解的意愿。他见工作有了起色，又看到丁梦成有些劳累，就告辞说："梦成，时间不早了，你该休息了，我就不再多说了，希望你能好好珍惜兄弟感情。你是老党员，受党教育多年，一定要高姿态，要体谅对方的犟脾气，遇事往前看，我希望你们两家能够早日和好。"

丁梦成连连点头说："张书记，您说的话句句在理，俺听您的。"

"那就好，我明天晚上再到你家来，咱俩好好聊聊。"说罢，与丁梦成握手告别。

张修存沿着弯弯的山路，迎着夜风，踏着月光，心情愉悦地回到了他住的那间小屋。此时他才感觉饥肠辘辘，原来，他从早上吃了点早餐，到现在一直没吃饭呢。

他急忙找出几张干煎饼，用白开水一泡，就着咸菜，"又香又甜"地吃起来。

为了处理好这起积怨，他先后十多次在两家中间来回跑，要求他们多从自身找原因，来个换位思考，多为对方想想。在他不辞劳苦地多次劝说下，两家终于有了和解的意愿。他趁热打铁，把两家人喊到一起，让他们平心静气地坐下来，分别把自己的要求提出来。经过一番语重心长的教育开导，双方都做了自我批评。

他拉起丁梦成的手说："丁梦国是长兄，年龄比你大，你是当弟弟的，先向他道个歉吧！”

张修存左手拉起丁梦成的手，右手拉起丁梦国的手，让两个人的手握在了一起。

两只“冰冷”了多年的手握在一起了，两颗曾经相互怨恨的心，涌进了一股暖流，多年的冰霜顿时消融，两人都互相道了歉，重归于好。

张修存凭着对村民的真情厚爱，凭着对百姓的高度负责，终于解开了这个多年形成的死疙瘩。

丁梦国积怨的顺利处理，震惊了所有村“两委”干部，他们想不到十年都解决不了的积怨，张修存仅用了十多天就解决了。这让大家对他无不刮目相看，对他更加钦佩，这也让他对其他问题的处理更有信心。

张修存到东水峪村没有几天，在他主持召开的精准扶贫村民大会上，刚讲了几分钟，就发生了一件让人惊心的事。

一位喝得醉醺醺的青年，光着膀子，举着板斧，杀气腾腾地冲进会场，与会人员看到这情景，惊得目瞪口呆。

酗酒青年一冲进会场就高声叫骂：“所有村干部，你们都给我听着，我是专门来找那个欺负我的王八蛋的，你们谁都不要管，看看我怎么收拾他，今天非宰了他不可！”

会场上顿时骚动起来，有抱起板凳走的，有找地方躲藏的，还有站起来看热闹的。会场一片混乱，会议无法进行，村“两委”干部没有一个敢上前制止的。

张修存停止讲话，瞥了一眼，向挥舞着板斧、气势汹汹闯进会场的青年大喊一声：“不许张狂，有什么话好好说，不许扰乱会场秩序！”

酗酒青年置若罔闻，喷着浓烈的酒气继续高声骂道：“大家知道，俺是蹲过监狱的人，今天杀死一个赚一个，大不了再进监狱蹲蹲。”

张修存向酗酒青年又大声呵斥道：“你赶快离开会场，喝醉了酒就赶快回家，不准在会场里胡闹！”

他边说边向酗酒青年奔去。有两位村民见了，急忙拽住他的胳膊说：“你别近前，张书记，太危险了，你离他远一点。”

酗酒青年醉眼蒙眬地瞅了他一眼说：“张书记，不关你的事，我和你无冤无仇，我不是冲着你来的，你别管！”

“今天的大会是我主持召开的，你持斧冲进会场扰乱秩序，怎么能说与我无关，怎么能说不是冲着我来的？你赶快回家，有什么事，等散了会你再找我说，我给你处理。”

“不行，我今天非把村里的那个狗东西杀了不可！”

为了维持会场秩序，为了众人的安全，张修存挣脱两位村民的手，奋不顾身地冲到酗酒青年面前，一把夺下他手中的板斧，安排两名村民把他送回家。

村民们看到这情景，不禁为他捏了一把冷汗。谁知酗酒青年挣脱两名村民的手，又冲回了会场。

张修存见他十分嚣张，严厉地呵斥道：“我不知道你姓什么，也不知道你为什么事情前来，但请不要借着喝了点酒就无法无天，来会场寻衅滋事。”

酗酒青年听到他这么说，态度冷静了很多。

他看到酗酒青年的态度有了变化，紧接着说：“你听我说，回家好好休息，有什么冤屈，我会帮你公正处理。你说你不怕再去蹲监狱，可你要是真的去蹲了监狱，谁来照顾你的家人？你有没有想想孩子的前途？你这样莽撞行事，非常危险。如果真的砍伤了人，你好好想想，后果会是什么样？”

酗酒青年一听张修存提到孩子，马上耷拉下了脑袋。

他向张修存说了一句：“张书记，你说话可当真？如果你能解决我的问题，帮俺出这口冤气，俺就回家。”

“你快回家吧，我答应你。”

酗酒青年听了，乖乖地走出了会场。

会场立刻恢复了平静。会议继续进行。散了会，已是夜幕降临。他虽然肚子饿了，却没有心思吃饭。他一直在纳闷：酗酒青年为什么会持斧冲进会场行凶？这当中有什么缘故呢？他决定亲自登门把这些事弄清楚。

他让一位村委干部带路，直奔酗酒青年的家。到了大门口，他对这位村干部说：“你回家吃饭去吧！我自己过去看看，怕他当着你的面有些话不好说出口。”

这位村干部说：“您说得对，我还是回避一下好。”可他走了没有两步，又转身对张修存说：“张书记，要不咱先去吃点儿饭，您再去和他谈吧。”

“你快回家吃饭去，我不饿。”张修存向他挥了挥手，走进了酗酒青年的家。

酗酒青年名叫刘志胜，今年三十六岁，女儿十二岁，上初中。五年前，他的妻子患肝癌去世。因给妻子治病，欠下了一万余元的债，日子过得非常艰难。每当想起心爱的妻子，或者生活遇到困难的时候，心里就格外难受，便靠喝酒来排解心中的烦恼，一旦喝多了酒，就到处骂骂咧咧，被村民称为“酒疯子”。

村里搞建设，因为补偿问题一直没有谈妥，他几次找寻都没结果，恼羞成怒，酒后持刀把拆迁队长砍成重伤，被判刑五年。至于他为什么对村干部如此不满，敢冲进会场持斧威胁，别人没有向张修存说过。

张修存走进刘志胜的家门，正赶上他和他的女儿在吃晚饭。

刘志胜见张修存来了，连忙起身让座，很抱歉地说：“张书记，我感觉您是个为民办事的好书记，所以我听您的话，今天要不是您在会场，我非闹他个天翻地覆不可。”

他边说边给张修存倒了一碗白开水。

“张书记，别介意，我家里穷，没钱买茶叶，凑合着喝碗白开水吧。”

他把茶碗端到张修存面前：“张书记，您如果没吃饭，就一起吃吧！”

张修存见爷俩吃的是煎饼卷大葱，喝的是白开水，连一个菜都没炒，看来生活的确非常清贫。

他对刘志胜说：“志胜，你家孩子正是长身体的时候，需要营养，你这饭也太简单了，这样不利于孩子成长。”

刘志胜叹了口气说：“张书记，你看我这家像狗窝一样，原来的房子被拆除，村里也没给赔偿款。答应了给盖新房子，可是等了都快两年了，连个动静都没有，你说我能不生气吗？”

张修存见他越说越生气，急忙安慰道：“你这情况我会带到‘两委’会上好好讨论，一定给你合理地解决。”

“那太好了！那太好了！不是我刘志胜不讲理，是我太亏得慌了。村里砸完我的房子，就再也没有人问我的生活怎么样。你看这四处漏雨的破草房，还是妹妹家借给我用的，她一家人去临沂做生意了，把这房子让给我先住着，我自己连这样的破草房也没有啊！就是这么困难，村里吃低保也没我的份。我正打算着不让闺女上学了，带着她去找地方打工，不想在这穷地方再住下去了。”

张修存见刘志胜的家庭生活的确困难，答应帮他选个致富项目，把他留下来，不再到外地打工了，更不能让他女儿辍学。

“张书记，您大人不记小人过，我今天中午冲进会场做得不对，也怨我酒喝多了，请您多担待吧！”

“好，有错误改了就是好同志。从今以后，可千万不要再喝那么多酒，这样既伤害了身体，还给村里添麻烦。”

张修存劝慰了刘志胜一番，临走的时候从衣袋里掏出400元钱，塞给了他的女儿刘秀秀。

“孩子，今后好好学习，争取考个好成绩，给家里争口气，替你爸爸争光！”

秀秀感激地点了点头。

“张书记，您挣钱也不容易，这钱我不能要。”刘志胜从女儿手里将400元要过来，再三推让说。

“这钱是我给你家孩子买学习用品的，不是给你的，你快给孩子。”张修存果断地推开了刘志胜的手，让他把钱交给秀秀。

从那以后，张修存经常和刘志胜保持着密切联系，并把刘志胜安排到村里的建筑队搞工程建设，他家的日子渐渐好了起来。

腊月二十九的下午，刘志胜匆匆地来到大队部，拉住张修存的手说：“张书记，今天下午我领到了村里发给我的年货，这可是过去做梦也想不到的事。看到您辛辛苦苦为村民办事，我心里感动得很，今晚您就到我家吃顿饭吧。”

张修存笑笑说：“志胜，你的心意我领了，但我对自己有要求，不吃村民家一顿饭，不单单是你，谁家的饭我都不能吃，你可不能让我破了规矩啊！”他婉言谢绝了刘志胜的邀请。

张修存没有忘记，2013年8月下旬的一天，天还没亮，就有人来敲他的门。当时，他修改完3个自然村整体搬迁的方案，已是凌晨四点多钟，刚想躺到床上眯一会儿，就被敲门声惊醒了。

他起身开门一看，门外站着一位穿着破旧的中年妇女，领着一个十八九岁的男孩儿。

“张书记，俺儿子考上大学了，俺想送他去潍坊上学，谁知买火车票需要身份证，俺一直没有身份证，买不上车票，没法送孩子上学，你看咋办呢？你能不能帮俺想想办法啊？这几天可把俺急死了。”

“你怎么会没有身份证呢？过去没办理过吗？”

中年妇女点点头说：“我今年都五十一岁了，从来就没办过身份证。”

来人叫阿芳，是云南阿昌族人，家住云南某地的大山里。当时寨子里统一办理身份证时，她因生病住院没有办理，后来认为办不办没有多大关系，就一直没有补办。再后来她和在云南打工的冯志良相爱了，两人确立了恋爱关系后，就一起来到了东水峪村。此后一直也没有办理身份证。如今，儿子考上潍坊一所大专院校，需要坐火车去送他，得知购票需要身份证，这才着急了。

张修存听完阿芳的诉说，看到她面黄肌瘦的样子和疲惫不堪的神情，再看看她儿子祈求的眼神，顿生怜悯之情。随后把该情况反映到街道派出所。

派出所民警通过调查核实，冯志良与阿芳是正常婚姻关系，不存在非法拐卖问题，可以补办身份证，便将她的申报材料逐级上传，经过层层调查落实，仅用了十多天的时间，就把她的身份证补发了下来。阿芳顺利地买了车票，高高兴兴地把儿子送到了学校。

张修存得知冯志良六年前患了偏瘫，常年卧床不起，家中的一切负担都落在了阿芳的身上，日子过得非常艰难。

第二天中午，他安排完工作，就同村主任一起来到了冯志良家。

进门一看，屋里脏乱不堪，粪桶放在床前，散发出阵阵臭气。

阿芳见“第一书记”和村主任来到她家，充满歉意地说：“不知道你俩会到俺家里来，要是早知道，俺一定好好收拾一下。你们可别见笑，别嫌俺家里脏。”她边说边把粪桶提到了门外。

张修存详细询问了她家的情况，又安慰了一番躺在病床上的冯志良才离开。

过了不久，张修存为她家向上级民政部门申请了低保补助，为她家的两个孩子申请了助学金。更让阿芳意想不到的是，张修存还购买了一辆轮椅，让阿芳经常推着冯志良到村里转转，以免他天天躺在床上会感到空虚无聊。

东水峪村历史遗留问题多，有些时间太久，难以找到证据。张修存对这些问题并没有撒手不管，而是通过各种渠道，反复调查取证，努力从蛛丝马迹中找到线索。案件无论大小，他都认真调查处理。对新出现的矛盾纠纷，他主张及时化解，把问题消灭在萌芽状态。

2013年腊月二十七，东水峪村向全体村民发放福利，村民们第一次从村里领年货，个个兴高采烈，喜气洋洋。但就在大家自觉排队领年货时，出现了一个不和谐的“音符”。村民张某，领着他的两个女儿，来到年货发放现场，对村干部大吵大闹。他用威胁的语气说道：“今天如果不给俺两个闺女发年货，谁也别想领到。”

面对这位村民的无理取闹行为，村民们都很气愤。

张修存走到这位村民跟前说：“大叔，你不能胡闹，‘两委’会对你家的情况作了认真慎重的研究，认为你家两个女儿的户口虽然还没迁走，但她们已经离开东水峪村两年多了，按照村里的规定，她俩不能再在村里领取福利了。全村像你家这种情况的还有6户，‘两委’最后研究决定，凡是女孩出嫁到外村一年以上的，即使户口在东水峪村，也一律不发福利。”

“别人家里虽然也有这种情况，但他们都是一个女儿的户口在家，俺家是两个女儿的户口啊，如果不发给俺，俺的损失就是双倍!”

“不管有几个人的户口在家，村委会是这样规定的，我们就必须这样办。”张修存解释道。

“这个规定不合理，没有让所有群众通过。你如果真的不发给俺，俺就去上级部门告你。”

他见这位村民非常固执，一时难以说服，张修存想了一下说：“那这样吧，你认为不合理，咱就让全体村民投票表决怎么样？今天家家都有代表来领取年货。”

“那不行，群众投票表决，你们‘暗箱’操作怎么办?”

“张书记，你别跟他啰嗦，管他同意不同意，就按村里的规定发，他不同意让他保留意见，咱们该怎么发就怎么发。”有的村民急不可耐地大声说道。“快发吧，不能因为他一户影响了全村发放！”村民们你一言我一语，纷纷议论起来。

“我看这样吧！今天各家各户都来人了，就再统一一下大家的意见，咱们在这院子中间画一条线，同意按规定发的站在右边，认为规定不合理，不同意按规定发的站在左边，大家看怎么样？”

“这个办法很好，既节省了时间，又能让大家亲眼看到大伙的意见，就按这个方法办。”大家齐声道。

张修存让村会计在院子中间用粉笔画了一条线，同意的和不同意的分别站在两边。

张某带着他的两个女儿立即站到了左边，并大声向女儿出嫁后户口仍在东水峪村的几户村民喊道：“快站到这边来。”

父女三人看了看身边并没有其他人和他们站在一起，感到十分尴尬，便很无趣地离开了现场。

为了安抚张某的情绪，张修存吃过晚饭又和冯爱立一起到他家里，与他促膝交谈，拉家常，并征求他对村里工作的意见，劝他积极参加村里的搬迁建设，不要再被一些蝇头小利迷了眼。

张某见张修存非常坦诚地帮助教育他，很受感动。从那以后，他积极参加村里的公益活动，还为本村的两名贫困学生捐了款，被村里评选为助学先进个人。

村民杜天福是个性格暴躁又好吃懒做的人，时常对妻子拳打脚踢。妻子受不了他的虐待，回娘家再也不回来了。杜天福曾去岳父家闹过两次，结果被他妻子的两个哥哥暴打了一顿。

回到家以后，他破罐子破摔，天天吊儿郎当，还养成了偷偷摸摸的恶习。村里人对他又恨又怕，见了他都绕道走，不搭理他。他妻子曾提出来离婚，都因他坚决反对没有离成，便常住娘家再也不回来了。

张修存得知这事后，不止一次地找他谈心，劝他早日改掉坏毛病，重新好好做人。并告诉他，只要把坏习惯全改掉，就负责去帮他把妻子请回来，跟他一起好好过日子。

张修存深情地对他说："天福啊，人过留名，雁过留声，你今后千万不要再做对不起父老乡亲的事了，免得被人在背后戳你的脊梁骨。你的孩子一天天长大了，即便你不在乎大家对你评论如何，也得为孩子考虑一下啊！"

在张修存苦口婆心地劝导下，杜天福终于回心转意了，惭愧地说："张书记，你说的话都是为了我好，我想改正，可又怕以前做的坏事太多，兄弟爷们儿不肯原谅我，信不过我啊！"

他见杜天福开窍了，有想改正的意思，便顺水推舟地说："自古以来，浪子回头金不换，只要你真正能改好，乡亲们不但会原谅你，还会夸赞你、尊敬你呢！"

"张书记，你放心吧，我今后一定好好干，再也不去干那些对不起兄弟爷们儿的事情了。"杜天福坚定地说。

情如春雨润顽石。在张修存的帮助下，从那以后，杜天福真的发生了翻天覆地的变化。不但彻底改掉了原来的坏习惯，还经常热心帮助困难户推车送粪，收割庄稼，争先为村里做好事。村民们开始对他刮目相看，再没有人歧视他。

张修存亲自带着村“两委”干部到杜天福的岳父家里做工作，劝说他的妻子为了孩子、为了家，快回家好好过日子。

经过几番劝说，杜天福的妻子终于消除了对杜天福的怨恨，同意不再离婚，愉快地返回家里。张修存听说杜天福的妻子回来了，又高兴地来到了他的家里，分别对小两口做工作，要求两人不论是谁，都要不计前嫌，和和睦睦地过日子。

后来杜天福逢人就说，是“第一书记”张修存救了他的家。

这正是：破镜重圆都夸奖，离散的鸳鸯又成双。

在张修存来到东水峪村不足一年的时间里，村里积压的十余个问题，全部得到妥善处理，大大消除了村民与干部的积怨。

八　扶贫先扶志

没有调查就没有发言权。张修存来到东水峪村，一直深入到村民之中，与他们朝夕相处。他经常翻山越岭，察访民情，听到了群众的呼声，掌握了真实的民情。

他在调查中发现，东水峪村不仅基础条件差、自然环境恶劣、经济贫困、社会秩序混乱，而且村民的思想落后、观念陈旧，人们处于一种极度消极、悲观的状态。

在这样的条件下要彻底改变东水峪村的贫困面貌，必须首先唤起全村干部群众脱贫攻坚的斗志，振奋精神，把“要我脱贫”变为“我要脱贫”。

当时东水峪村的“两委”班子的现状是：“两委”成员五人，仅有一人是高中文化程度，其他四人都是初中及以下文化程度。

农村党支部是党的工作基础，是党联系群众的桥梁和纽带，在脱贫工作中，起着至关重要的作用。给钱给物，不如建个好支部。他紧紧抓住这个关键，在提高村干部的政治思想觉悟和激发党员活力上狠下功夫，努力提高他们的组织能力、决策指挥能力、宣传鼓动能力和分析预测能力。同时，演好协调戏，奏好合作曲，努力把支部打造成一个坚强的战斗堡垒。

东水峪村党支部过去没有正常的学习制度，党员干部没有集体学习的习惯，办公室里找不到一张报纸和一份杂志，党员普遍存在着党性修养差、思想觉悟低的现象，“两委”干部缺少良好的工作作风和纪律观念。

针对这种现状，他在提高党员干部的思想觉悟和激发他们的活力上大做文章，让他们的“心”热起来，“手”动起来。在建立健全各项规章制度、坚持正常的“三会一课”的同时，把每月5日定为党员学习日，每次集体学习两个小时，风雨无阻，雷打不动。学习上级文件，学习习总书记关于扶贫工作的一系列论述，不断提升党员干部的人生境界和党性修养。

2013年7月1日，是他进村开展的第一个党员活动日。

这天，张修存早早起床，喊来了村里的医生，带上药品，同党员一起乘车去革命老区临沂参观学习，追寻红色足迹，接受革命传统教育。多少年没有参加过集体活动的党员们，纷纷走出家门，踊跃参加活动，就连两位八十岁高龄的老党员也不甘落后，积极报名参加。

全村党员兴致勃勃地来到临沂，先后参观了孟良崮战役纪念馆、沂蒙红嫂纪念馆和华东革命烈士陵园等红色教育基地。在参观的过程中，一张张先辈们出生入死的战斗图片和一个个英烈的感人事迹，深深地感动着每一位党员，有些党员禁不住流下了热泪。

从临沂参观学习回来后，他发动大家结合工作实际，对照英模人物的先进事迹，找差距、找不足、找原因、定措施。

老党员冯兆志争先发言说：“今天去革命老区，我受到了一次深刻的教育，对照战争年代老一辈革命家出生入死、冲锋陷阵、勇于献身的英勇精神和革命斗志，感觉自己和他们的差距太大了，对不起党员这个身份。”

党员冯增至深有感触地说：“近几年来，我没有积极参加村里的党员活动，就连村民会都不愿意参加，在我身上找不到党员的先进性。从今往后，我要紧跟村‘两委’走，把先锋模范作用发挥好。”

党员们纷纷表示，从今以后，一定要继承和发扬老一辈革命家的无畏精神，在脱贫工作中，做出积极的贡献。

2014年大年初一，张修存带领村“两委”成员给村里的老年人拜年。在九十一岁的冯金海老人家里，冯大爷向他讲述了这样一件事：

1948年秋天，在东水峪村发生过一次激烈的战斗。战斗中，一名年轻的解放军战士不幸牺牲。由于当时战事紧张，部队要奔赴新的前线，便把这位小战士就地掩埋了。当时没有立碑，大多数人都不知道这位小战士的名字。据村里老人讲，这名小战士曾在村里住过，是南方人口音。

一开始那些年，村里人逢年过节去上坟时还给他烧纸祭奠，后来一直没见他家里来人寻找，时间长了，坟茔渐渐不清楚了。现在村里正在那片土地上建设养老项目，如果再不寻找迁葬，为国捐躯的革命英烈的遗骨就再也找不到了。

张修存听说这事以后，马上向山亭区民政局做了汇报，并召开“两委”会，做出寻找迁葬无名革命烈士的决定。

因年代久远，坟墓的痕迹一点也没有了。冯金海老人只知道大体方位，具体在什么地方，他也弄不清楚。

“两委”干部一致认为，一定要把无名烈士的遗骨找到，让他的在天之灵得到安慰，让我们世代铭记烈士的英雄事迹。通过寻找无名烈士遗骨，可以让每名党员干部受到一次革命传统教育，继承和发扬先烈精神，打好脱贫攻坚战。

清明节这天一早，张修存就搀扶着冯金海老人来到了烈士墓地，动用挖掘机在冯金海老人指定的方位寻找烈士遗骨。

因时代久远，冯金海老人记不清坟墓的具体位置，给寻找遗骨造成了很大的困难。大家对挖掘机挖出的土都要进行仔细的查看。经过三个多小时的认真寻找，终于在一块荒草地里找到了烈士的遗骨。张修存用红布把遗骨认认真真地包好，装到新制作的棺材里，然后抬着装有遗骨的棺材，与全体党员和部分群众代表来到村北山，对烈士遗骨重新进行了安葬，并在烈士墓前立了一块碑。

张修存恭恭敬敬地站在烈士墓前，神情严肃地高声朗读祭文：

青山处处埋忠骨，烈士碑前忆英魂。今天，东水峪村全体党员和部分群众代表怀着无比崇敬和沉痛的心情，来为您举行庄严的迁葬仪式，以表达我们对您的崇高敬意和深切怀念。虽然您离开我们近七十年了，我们已经听不到战场上的军号声响，看不到战场上的枪林弹雨，但是我们仿佛依然能看见纷飞的战火和弥漫的硝烟。

四月的风掀起无边的思绪，撩动着我们的心思。我们站立在您的坟前，寄托我们无限的哀思！

共和国的革命烈士啊，您安息吧！您的鲜血没有白流，一个崭新的中国已傲然屹立在世界的东方！

有的人有名字，而我们却记不住；有的人没有留下名字，我们却永远铭记于心。

安息吧，尊敬的无名革命烈士！

读完祭文，全体党员整整齐齐地站在烈士墓前，举起右手，神情凝重地重温了入党誓词。

人一旦立下志，就如同巨轮起航，任何险滩暗礁、惊涛骇浪都无法阻挡。“两委”干部们神采飞扬，壮志满怀，像鼓满风帆的船，待发起航；又像拉满弓弦的箭，一触即发。

在整顿党员干部思想过程中，张修存特别注意加强“两委”干部的团结教育。经常以沙子与水泥做比喻，向“两委”干部讲加强团结的重要性，要求“两委”干部一定要精诚团结，攥成一个拳头，心往一处想，劲往一处使，人人做团结友爱的模范。

群体的战斗力取决于凝聚力，而凝聚力的取得，则需要集体的精神和作风。“两委”班子心与心的贴近、力与力的凝聚，在张修存的带领下达到了前所未有的团结。在整个村庄搬迁和水利工程建设中，全体党员冲锋在前，艰苦奋战，不辞辛劳，发挥了模范带头作用。

九　启动一号工程

水是生命之源，是农业发展的命脉。对十年九旱的东水峪村来说，水显得更加珍贵。

——作者采访手记

水，一直是制约东水峪发展的瓶颈；水，不知曾承载了东水峪人多少心酸！

村民孙成祖为了下山挑水浇地，不慎跌入山沟里，把左腿摔断……

村民陈方因为和邻居家争水浇地，发生斗殴，两家大打出手，造成双方受伤，从此反目成仇……

连续的干旱像猫爪子一样抓挠着村民冯兆光的心，山上早已没了水源，庄稼旱得能点着火。他独自蹲在地头上，眼巴巴看着即将抽穗的小麦大片大片地干枯而没办法。这可是他全家的命根子啊！地里的小麦最终全部旱死。冯老汉坐在麦田里放声大哭，那凄凉的哭声"石人"听了也得落泪啊……

入户走访时，村民拉着张修存的手说："张书记，只要你能让俺们村的地能浇上水，你就是最大的功臣!"

东水峪缺水，灌溉难成为全村经济发展的拦路虎。兴修水利，改变"等雨浇田，靠天吃饭"的历史，是东水峪人多少年来的最大祈盼。

张修存下决心解决水的问题，决定修建一个大型蓄水池，并把这项水利建设称为"一号工程"。他从区里请来了水利勘查技术人员。白天，带领他们翻山越岭，勘察地形，选择水源。晚上，他点着蚊香，摇着蒲扇，和测绘人员一起绘制图纸。

经过测算，整个水利工程建设需要投入资金180万元左右。东水峪村是个名副其实的"空壳村"，集体没有一分钱，从老百姓手里凑也不现实，群众生活相当困难。

资金从哪里来？面对这一难题，张修存一连几天食不甘味，卧不安席，无时无刻不在为资金短缺的事苦苦思索。

在困难面前从来不低头的他，心中坚守着一个信念：只要思想不滑坡，办法总比困难多。只有被困难吓倒的懦夫，没有被困难吓跑的英雄。

最后，他决定采取向国家争取一点，向山航申请一点，向银行借贷一点的办法来解决资金不足的问题。

天刚蒙蒙亮，他就起了床，走到冯爱立的家门口，恰巧碰上冯爱立正在开大门。

"张书记，您起得好早啊！俺正想着去找您呢。"

冯爱立近来激情高涨，为加快水利建设费了不少脑筋，打算早早起床去找张修存一起商量兴修水利的事。

张修存把心里的想法和冯爱立一说，冯爱立立即就拍着胸脯说："我昨晚一夜没睡好，一直在思索着水利资金从哪里来，想不到咱俩想到一块儿去了。"

在冯爱立的陪同下，两人脚步匆匆地向山亭水利局奔去。

经测算，修建蓄水池整个工程需要钻炮眼5000多处，爆破碎石上万余方。如果对外承包，需要180万元；如果不对外承包，自己组织人员施工，最多需要130万元。这样，不但能节省资金50万元，还能增加村民的收入。经过一番精打细算，他决定自己组织施工队，把在外地打工的石匠都动员回村，组成水利建设施工队，开展蓄水池建设。

村干部给在外地打工的建筑工程人员一一打了电话，动员他们回乡参加建设。村里的老石匠们个个都是能工巧匠，是垒砌石墙的好手。大小不同、形状不一的石块，经过他们独具匠心地打磨，再把这些石头巧妙地安放，很快就变成平整的石墙。

接到电话后，在上海、济南等地打工的老石匠纷纷往回赶。这些人过去活跃在一些大中城市，视野开阔，有着迫不及待地改变家乡面貌的强烈愿望。这次听说村里建蓄水池，他们分别向公司说明情况，怀着为家乡出力流汗、建功立业的愿望，从四面八方赶回家乡，自觉组成施工队为家乡建设大显身手。不几天，就回来了20多人。

在半山腰上建蓄水池并非易事，汽车上不去山，物力又不足，全靠拼体力，这绝对是一个艰难的工程。

一开始，“两委”干部就吃住在工地上，张修存一马当先，率先垂范，脱掉上衣，光着膀子，带领大家干了起来。这位从来没有干过水利工程的白面书生成了一位得力的搬运工。

他比老石匠们年轻，正是年富力强的时候，总挑最重的担子，别人抱不动的石头，他来抱。他拿出当年在部队冲锋陷阵的那股“牛劲”，抱起100多斤重的大石头，放到石墙上，豆大的汗珠不停地滴落。

每天天刚刚微明，别的“两委”干部还在工棚里熟睡，他已经在工地上转来转去，查看用料情况。有时候一天只吃两顿饭。由于过度劳累，他的嘴唇干裂得冒血；腰脊椎像挪了位，疼痛难忍，好多个晚上都疼得睡不着觉。

建好蓄水池是解决东水峪村灌溉的关键，是东水峪村脱贫致富的重要措施之一。一想到这些，他就浑身是劲，疼痛似乎全都消失了……在“大会战”中，谁也认不出他是从都市来的“第一书记”。他日日夜夜都扑在工地上，既是指挥员又是战斗员。

施工中就地取材，用爆破出来的石头砌成石墙，既节约了原料又减少了运输成本。

轰隆隆的炮声在不断地响起，震荡着沉睡的村庄，它在向人们宣告：东水峪村缺水的历史将一去不复返了。

在他的带领下，蓄水池工程进展很快，每天都有喜讯传来。但是，就在工程最紧张的时候，一件不幸的事情发生了。

2013年11月13日下午3时许，施工人员正干得热火朝天，站在水池围墙上测量的张修存由于过度劳累，头一晕，身子一歪，一头栽进了5米多深的蓄水池的乱石堆里。殷红的鲜血染红了水池的石头。人们被这突如其来的事故吓蒙了，有人大声惊喊着：“张书记，张书记!”

大家立即停下手中的活，纷纷跳进蓄水池，把他从乱石中抱起来，急切地问道：“张书记，怎么样，你哪里疼?”

张修存面色蜡黄，脸上到处是伤，鲜血直流。大家见他伤势严重，心里十分焦急。

有两名村民很快找来一副临时做成的担架，抬着他一溜小跑地直奔山亭医院。

来到山亭医院，医生们立即对他的伤势进行了诊断治疗，发现他的左腿膝关节有大量积液，右腿创伤性滑骨炎和半月板受伤，必须立即实施手术。但是山亭医院没有这种手术设备，建议他到大医院去做，并告诉他，原济南军区总医院做骨科手术经验丰富，手术成功率高，最好到那里去住院治疗。

张修存十分苦闷地躺在病床上，心想：在蓄水池工程的关键时刻，突然灾难降临，让下了火线不说，腿如果再治不好，留下后遗症，可就麻烦了。

在他负伤住院的当天晚上，东水峪村的群众不顾一天的劳累，连夜赶往山亭医院看望他。山城街道办事处的领导闻讯赶来了，党工委书记刘庆东、办事处主任盛新闻一听说张修存在水利工程建设中负了伤，住进了山亭医院，立即停下手头上的工作，连夜赶到医院来看望询问伤势情况，了解医院的救治措施等等；东水峪村的村民冯玉臣、冯玉平等十多人纷纷赶来，有带着熟鸡蛋的，有带着水果的，有带着热气腾腾的稀饭的，村民张显伟夫妇还把家里养的老母鸡杀掉，熬成鸡汤给他送来……

大家自发地从东水峪村赶到山亭区医院，看望他们的“第一书记”。村“两委”的干部们格外关心地守候在他的身边。

张修存看到病房里站满了来看望他的干部群众，感动的泪水一滴滴地滚落下来。他用一只手支撑着，吃力地想从病床上爬起来，以便来看望他的乡亲们打个招呼，可是连着试了两次，都没爬起来。守护他的人，急忙把他按住：“别动，别动！好好躺着。”张修存热泪盈眶地望着大家。

第二天清晨，张修存被紧急转到原济南军区总医院治疗。

在原济南军区总医院接受手术时，手术室门外，同样站着十多个人，等候看望他。大家焦急地等待在手术室门外，祈祷他的手术成功，祈祷他能够早日康复。

当医生给他做完手术，将他推出手术室的时候，人们立即围了上来。山航人事部部长张克勇听说张修存在建蓄水池时受了伤，正在医院接受手术的消息，当即代表集团领导赶到医院。他站在手术车前十分关切地问道：“修存，感觉怎么样？集团领导委托我来看望你。”

张修存听到张克勇的话，睁开眼睛，用低沉微弱的声音说：“感谢领导的关心。”

支书冯爱立也急忙凑到他的面前，十分关切地说：“张书记，不要再惦记工地上的事，工地上的事我来负责，您安心在这里养伤。”

当他看到那么多乡亲围在手术室门外，感动而又吃惊地问：“这么远的路，你们怎么也来啦？工地正处在紧张施工阶段，那里更需要你们，我这里有人护理，你们全都回去吧，回去参加蓄水池建设，并嘱咐大家千万要注意安全，再也不要发生类似的事故。”

村民冯英存放弃外出打工挣钱的机会，赶到医院，主动提出为他护理。张修存感动地说：“英存，我知道你是全家的唯一劳动力，你别在这里伺候我，这样会耽误你打工挣钱的。”

“我现在挣钱是小事，把你护理好才是大事。”张修存几次撵他回去，他都不答应。

时间在张修存的焦虑中一天天过去。

到了第七天，他再也待不下去了，要求医生赶快为他办理出院手续。医生告诫他，他的伤势还很严重，伤口需要一段时间才能愈合，不能提前出院。

他焦急地向医生请求说：“如果你们不让我出院，我会急死的，我在这里也躺不住啊！”

有两位护士听了，在私下里说：“这么多年来，从没见过像他这样要工作不要命的人，伤得这么严重，才住了七天院就要求出院去工作，少见啊！”

医生告诉张修存，他的伤势得不到控制是不能出院的。

“小伙子，你还是静下心来，安心在这里养伤吧！”给他做手术的王大夫过来劝他说。

他见医生不让他走，思念与焦虑交织在一起，再也待不住了。过了没几天，他再次向医生请求出院。

医生再三劝他：“俗话说，伤筋动骨一百天，你的伤势这么重，在医院里住了还不到二十天就要求出院，万一出院后发生什么意外，由谁负责呢？”

但这次谁劝也不行，他坚决要求出院。

医生实在拗不过他，只好给他办理了出院手续，让他回家静养。

而他的心早已飞到水利建设工地上去了。出院后他带着伤，回到了他日夜牵挂的东水峪村水利建设工地。

村民们听说他从医院回来了，无不惊奇地问：“他的伤这么重，怎么十几天就回来了？”

大家不约而同地来到大街上，看望问候他，纷纷向他伸出热情的双手。面对一张张朴实的面容，他的眼里充满了泪水，还有什么能比得到群众这样的认可和关心更幸福的呢？

经鉴定，他的伤被评为四级伤残，他的右腿落下了终生伤残。他带着伤，每天依然战斗在蓄水池修建工地上，虽然干不了重体力活，不能搬砖运石，但他可以坐在水池旁边指挥施工，及时解决建设中遇到的困难和问题。

难题真的出现了。在主体工程就要完工的时候，水池里堆了3000多立方米的乱石。这些乱石如果不能及时运出去，蓄水池就不能做防漏处理。如何把这些碎石清理运走成为一道难题。经测算，光运费就需要8万元，并且运出蓄水池还没有地方存放。张修存犯难了，怎么办呢？他苦苦地思索着。

突然，他想起在去枣庄的时候，发现路边有一家石子加工厂，只要去和这家石子厂商量一下，用石头换取石子，或许就能找到解决问题的办法了。

他立即赶往这家石子加工厂，找到了刘厂长，说明了自己的想法。谁知这一说，正好合了这家石子厂的心意。石子厂附近实行封山育林，国家禁止在山上开采石头，刘厂长正在为石头来源严重不足的困难怎么解决发愁呢。真是不谋而合，想不到张修存给他带来的这一消息解了他的燃眉之急。双方当即签了合同，石子厂负责把3000多立方米石头拉走，换给东水峪400立方米石子。这份双赢的合同，让双方皆大欢喜，垃圾被及时清理，加快了工程进度，还让石头垃圾变成了“财富”。

东水峪村用这些石子铺设了村里的水泥路。这样一来，修筑蓄水池与修水泥路两个项目形成了优势互补，既省了清理废石的8万元运输费，还节省了购买石子的20万元。“两委”干部齐夸张修存有智慧、有办法，什么困难都难不倒。

经过三个月的艰苦奋战，蓄水池竣工了。这不仅解决了周边500多亩地的灌溉问题，还为发展高效农业提供了强有力的保障。

蓄水池竣工的第二天，张修存又带领施工人员一鼓作气，运用各种手段，把周围所有小水坝里的水全部引进了蓄水池。一时间，一台台抽水机隆隆作响，很快将蓄水池里注满了水。蓄水池里碧水蓝蓝，一片明静。

试行放水的这一天，蓄水池周边一片欢腾，全村男女老少欢呼着、跳跃着，这可是他们祖辈都没有见过的“奇观”。渠水浪花四溅，水流像白亮的骏马在渠内奔跑，村民们围着渠水撒欢儿，娃娃们娇嫩的脸上现出了酒窝。有的村民捧起清澈的渠水，激动地哭了……

张修存也乐得像孩子一样。东水峪村千百年来靠天吃饭的局面终于结束了，他站在水渠岸边开心地笑了，笑得一脸灿烂。

十　开山变奏曲

东水峪村三面环山，有荒山1000多亩，山地资源丰富。多年来，因为得不到合理开发利用，村民们一直守着“金山”没饭吃。

张修存站在荒山下，眺望着山上荒凉的情景，静静地思索着如何开发利用它，让它变成金山银山。

他发现，东水峪的1000多亩山地，均为沙质页岩结构，这种土质适宜栽种花椒、核桃，过去见不到效益的主要原因是品种低劣和管理粗放。

他把问题找出来了，组织“两委”干部围绕如何进行荒山开发展开讨论。

开始，村干部对荒山开发并不感兴趣。有人提出，以前我们也轰轰烈烈地搞过荒山开发，出力流汗不少，十几年过去了，哪里见到有什么效益？我看就不要再劳民伤财瞎折腾了。多数村干部对荒山开发失去了信心。

针对村干部这种思想情绪，张修存耐心开导，带领大家认真吸取过去的教训，讲明当前进行荒山开发的重要意义。

在大家统一认识的基础上，他提出了对荒山开发的总体思路和基本设想。“两委”干部听了，纷纷表示赞成。

他紧接着召开村民大会，进行思想动员。

为打消村民的顾虑，他在村民大会上讲道：“俗话说，靠山吃山，靠海吃海。咱们东水峪三面环山，必须打靠山吃山的优势仗！过去虽然也开发过荒山，但路子没走对，咱们要吸取过去的教训，对荒山重新进行科学规划，综合开发，只要咱们父老乡亲们能拧成一股绳，就能让它变成青山绿水、金山银山。”

他在村民动员会上响亮地提出，要想打赢向荒山进攻的硬仗，全体村民一定要克服消极等待的思想，大力发扬愚公移山的精神。

村民们通过和他一年多来的相处，摸透了他的脾气性格，非常信任他。他的话，大家愿意听。特别是通过3个自然村的异地搬迁这件事，在村民的心目中，他的威信更高了，他讲的每一句话，大家都深信不疑。

在他的鼓动和带领下，向荒山进军的战斗全面打响。他从济南请来了荒山开发专家，对东水峪所有的山场都进行了勘查和土质化验。

在荒山治理中，他冲锋在前，带头实干，带领村民一鼓作气修了6条环山公路，使拖拉机、挖掘机顺利地开到了山上。挖掘机“轰隆隆”的响声伴随着人们的欢笑声，一起回荡在山谷中，唤醒了沉睡千年的荒山。

这又是一场攻坚战！

他拿起镐头，扛起铁锹，带领村民们上山了。村民们个个都像“老愚公”奋战不止。把一块块巨石撬下来，砌成石坝，堵住山洪，截住雨季洪水卷来的泥沙，借助大自然的力量，在山中建造淤积“小平原”。

经过三个多月的艰苦奋战，他们闸山沟60余条，打小塘坝基6处，开发荒山1000多亩。

他发动村民对过去种植的核桃树全部进行了更换，选择了生长期短、结果早、皮薄个大、产量高的新品种，并对1300亩进入衰果期的花椒树进行了套种改良，让荒山很快改变了模样。

在整个荒山开发中，全村没有一个掉队的，经过一个多月的艰苦奋斗，终于建成了400多亩优质核桃园。

东水峪村曾有种植花椒的历史，这里种植的花椒，无污染、不打药，是天然纯正的有机调味品。过去，村民由于在种植和销售方面各自为战、分散经营，形不成规模。再加上村民市场意识差，交通不便，找不到销路，每年都是在家坐等顾客上门，致使花椒价格低廉，有的甚至卖不出去，眼巴巴地看着烂掉，从而严重挫伤了村民的生产积极性。

为了打开花椒生产规模化发展的瓶颈，他多次组织“两委”干部座谈讨论，发动大家献计献策，尽快把花椒产业做强做大。

他利用外出的各种机会，携带着东水峪村的花椒样品，发动同学、战友及亲朋帮助宣传推销。还带着村干部到济南、泰安等地，建立业务关系，调查了解市场行情，积极筹建食品公司。

大泉、东山两个自然村异地搬迁后，腾出了50多亩旧宅基地，这些地通过深耕平整，成为良田。他又在这些土地上做文章，同济南一家农业开发公司达成协议，由这家投资公司投资发展绿色高效农业。他还从山航争取到15万元扶持资金，在村里设立了大棚蔬菜种植奖励基金，每一个大棚奖励5000元扶持基金，鼓励村民大力发展大棚蔬菜。

在济南一家农业开发公司的具体指导下，在奖励基金的激励下，村民们从事大棚蔬菜生产的积极性空前高涨，生产效益非常可观，50多亩空出来的宅基地成为东水峪村的“聚宝盆”。

十一　巧打致富“组合拳”

怎样才能让东水峪及早脱贫，让村民过上幸福的日子？这是张修存思索的一个重要课题。他几乎天天都在思考，夜夜都在琢磨：党组织派我到东水峪来，就是要我带领这里的村民，尽快走上富裕的道路啊！

——采访手记

蓄水池建起来了，灌溉难的问题彻底解决了，1000多亩荒山得到了开发，他的付出得到了村民的认可，他的发展思路得到了村民的积极响应，那下一个目标该锁定在哪里呢？

张修存没有在现有的成绩面前停下前进的脚步，而是把精力集中到综合开发、打好山区脱贫致富的“组合拳”上。

他在自然村异地搬迁和蓄水池建设中，发现了东水峪村的技术人才，他看到那些技术娴熟、擅长砌墙的石匠们一个个手艺非凡，觉得若能把他们组织起来，将是一个能量不可低估的团体。于是他决定组建建筑施工队，承接周围村庄的建筑工程。这样，既能解决他们的就业问题，又能为村集体增加一定的收入，是件两全其美的好事。

想到这里，他再也躺不住了，一骨碌从床上爬起来，看了看手机，已是夜间10点整，他估计老石匠陈志明还没睡，就匆匆地向他家里赶去。

“梆梆梆”，他敲响了陈志明家的大门。

这么晚了，是谁来敲门呢？陈志明有些纳闷。

“谁？”

“志明哥，我是张修存，来和你商量件事情。你休息了没有？虽然时间有点晚，但想来想去，还是决定来和你商量商量。”

陈志明一听是张修存来了，没有怠慢，马上把门打开迎了出来：“张书记，原来是你啊！大冷的天，这么晚了，快进屋暖和暖和。”

他一进门就说：“志明哥，这么晚了来打扰你，实在有些不好意思，但明天一早我要到区里开会，怕过几天把这事给耽误了。”

“张书记，有什么事，你只管安排，俺听你的。”陈志明边说边给他沏茶。

“志明哥，你在咱们村的水利建设过程中早起晚归，吃苦耐劳，做出了很大贡献。同时我发现你技术高超，人缘好，又有一定的组织能力。所以我今晚来和你商量一下，咱村里成立个建筑队，由你来牵头带领，你看怎么样？”

陈志明听了他的想法，用力地拍了一下大腿说：“你这想法太好了！村里有了建筑队，我们就不用四处跑，到外地去打工了，在自己村里就能挣到钱。我同意，我支持你这个想法！”

张修存听了，高兴地拍了拍他的肩膀说：“陈大哥，我信得过你，这建筑公司就交给你来组建。”

“张书记，谢谢你对我的信任，就是我的能力有限，年龄大了，怕不能胜任啊！”他谦虚地推让说。

“志明哥，我相信你有能力把建筑队带好，你就不要谦虚了。”

“张书记，既然你相信我，我就努力把建筑队组建好！”

同是改革创业人，相逢何必曾相识。

东水峪建筑有限公司很快组建起来了，建筑队员们在陈志明的带领下，一个个精神抖擞地承揽着四邻八乡的建筑工程。

新建的蓄水池除了干旱时灌溉农田、果树外，日常也应该发挥它的作用。张修存站在蓄水池旁边，琢磨着如何发挥它的更大作用。

他看到山的东面是万亩花椒园，山的北面是“石头部落”，突然想到，如果在这里成立一个垂钓中心，开发水上乐园，建一个农家乐，在水里养上鱼、鹅和鸭，再种上荷花，与“石头部落”和万亩花椒园遥相辉映，各自成趣，就会成为一道靓丽的风景线。这不正是旅游业所缺少的特色吗？

“两委”会上，他把这想法提出来讨论，大家纷纷表示赞成。

说干就干，水上乐园项目立即启动，日夜奋战了一个多月之后，项目便圆满完成，紧接着正式挂牌开业。

那天，正好是个春暖花开、风和日丽的日子，全村男女老少怀着欣喜的心情，前来参加开业庆典。欢笑声、锣鼓声、鞭炮声汇集在一起，在东水峪村的上空回荡。

喜事一桩连着一桩，水上乐园的牌子刚挂上，“东水峪建筑公司”“东水峪村综合服务中心”的牌子也相继挂上了，东水峪村有了一个令人兴奋的飞跃。

10万多尾鲤鱼在水里游来游去，每到农闲时，村民们就聚集到这里游玩散心。

随着经济的不断发展，他带领村民对村容村貌进行美化，统一粉刷沿街墙壁，街道两侧全部种植了冬青、月季，安上了路灯。村民看到这翻天覆地的变化，心里怎么能不激动呢？有的老汉捋着胡须笑眯眯地说：“如今的东水峪和过去相比，真是一个天上一个地下。想不到俺老汉活了七十多岁，竟然过上了今天这样的好日子，俺从心眼里感谢党的好政策！感谢上级给俺们派来了个好书记，没有他，哪有今天这样的好光景呀。”

村里连续两年开展了“好媳妇”“好婆婆”“党员示范户”等评选活动。对评选出的优胜者除发奖品送奖状外，还制作标牌钉在他们的大门上，让村民们都能看得到，让优胜者都有荣誉感。在一系列文明活动的影响下，村风民风有了根本好转。

两年，只不过是历史的一瞬间，然而东水峪在这一瞬间中，一步跨越千年，从极度贫困走向富裕，从“与世隔绝”变为美丽乡村。这是一个“神话”，这是一个让人难以相信的“神话”，然而，它真真实实地发生在东水峪村。

两年来，在东水峪村脱贫攻坚战中，张修存付出了多少心血，流了多少汗水，东水峪人不会忘记：

张修存挎着个黑提包，和书记冯爱立一起跑山亭、跑滕州、去泰安、到青岛推销他们的东水峪特产——无公害花椒。在村庄整体异地搬迁中，因缺少资金，张修存愁得彻夜难眠，他八方求助，四处化缘，能求的都求了，该借的都借了，最后终于补齐了资金缺口。楼房建设中，他白天买砖瓦、买水泥、买木料、跑集市、跑商店，来去匆匆；晚上建筑队员回家吃饭，他在工地上坚守；深夜，他在飘忽不定的灯光下伏案疾书，制作施工计划；拂晓，雾气打湿了他的衣裳。人都是血肉之躯，有这样干事不要命的吗？施工队的王队长曾感动得直咂舌地问他：“张书记，您一个外地人，何必在这里拼命，您到底是图的啥？”

张修存只是嘿嘿一笑。

张修存站在崭新漂亮的东水峪村楼前，看到一栋栋楼房拔地而起，一个个商业摊点树起了鲜明的招牌，五彩缤纷的售货棚下摆满了琳琅满目的商品，街上涌动着熙熙攘攘的人流，他感到分外自豪。他的心血和汗水终于换来了今日之变，他的付出没有白费，他激动得心潮澎湃。

看到这番繁荣景象，谁会想到一年前，这里还是交通闭塞、与世隔绝的穷乡僻壤呢？站在崭新的楼房前，一阵春风拂过，令人心旷神怡。

十二　不同寻常的年夜饭

爱总是在最需要的时候、最贫瘠的地方播种。对事业、对人民的爱，构成了张修存生命的主旋律。

——作者采访手记

春节的脚步越来越近了，到处弥漫着年的味道。春节是万家团圆的日子，谁都有思念家乡之情，谁都有思念亲人之感。张修存又何尝不想回家看望一下家人，与家人其乐融融地一起吃年夜饭呢？可是，眼下村里的许多工作都在等着他去处理，节日里的村民们更需要党和政府的温暖。自古以来，忠孝难以两全，在“小家”与“大家”的天平上，他又一次选择了“大家”。

他来到山亭，每天工作忙忙碌碌，很少有时间回家看看。年底了，女儿打电话来问：“爸爸，你什么时候回来过春节？你每次都说，有时间一定回家来看我，可是我一直见不到你，爷爷奶奶都很想你呢！明天就是除夕了，你怎么还不回来啊？”

接完女儿打来的电话，他心里酸酸的，有种深深的愧疚感。

深夜，他拨通了妻子的电话："老婆，今年春节村里事多，我顾不上回家陪你们啦！村里有三位五保户老人要求和我一起过年，我已经答应他们了，希望你能理解我。"

说到这里，他的声音有些哽咽，心里充满了愧疚。他在电话里嘱咐妻子要多多保重，好好陪着爸妈过年。

妻子在电话那头沉默了一会儿，才轻声说："你不回家过春节，我不埋怨你，我尊重你的选择，可家里的三位老人想你呀！他们天天都在掐着手指算，盼着你回家一起过春节呢！"

"老婆，你帮我多向老人做些解释，今年春节，我真的脱不开身回不了家了。"

妻子理解他的心情："你呀，安心在村里工作吧，家里有我呢，我陪着三位老人和孩子，你放心就是。"

妻子的全力支持让张修存十分感激，他为妻子崇高的思想境界而感动。昔日的军功章里曾经有过妻子的一半，如今，他之所以能安心在东水峪工作，仍然有妻子的功劳。

今年春节他为什么要陪三位五保老人呢？原来是有这样一段故事：

东水峪村有位叫张德侦的五保老人，每次从新建蓄水池的北面路过，总要站在路边看上一会儿，每次都看到张修存挽着裤腿和大家一起干活，心里很感动，就想请他到家里吃顿饭。

有一天，张修存带领着村民搬运石头，正干得热火朝天，张德侦老人拄着拐棍来到了工地。向张修存喊道："张书记，你歇一歇吧，过来，我有几句话要和你说。”

张修存听了急忙擦了把脸上的汗水，从水池里跳出来，边走边问：“张大爷，找我有事吗？”

“张书记，我今天晚上想请你吃顿饭。”

“请我吃饭？顾不上啊，您看这蓄水池建设正处在节骨眼上，我脱不开身啊！”张修存充满歉意地说。

“张书记，请你吃饭是我的一点心意，我把饭菜都准备好了，你可不能不去啊！”张德侦再三请求说。

张德侦老人为什么要请张修存吃饭呢？在场的人都有点纳闷儿。

五保老人张德侦，今年七十岁，在家排行老二；他哥张德安腿部残疾，体弱多病；三弟张德元是个盲人，手上还有残疾。兄弟三人，无儿无女，相依为命，是村里的五保户。

张修存非常关心这三位老人，除按照上级的政策给他们经济补贴外，还经常给老人送去他们喜欢吃的食品。每到过节，张修存都要带领村“两委”干部去看望他们。前不久，张德侦患了感冒，卧床不起，张修存得知后，立即带上村医到他家里为他诊断治疗，还给他做了可口的鸡蛋面。

张修存对老人说：“张大爷，您请我吃饭我很感谢，但现在工地上正忙，等以后空闲的时候我请您吃饭吧！”

“张书记，你可不能不答应俺，不请你吃顿饭，俺心里不好受啊。”张德侦执拗地说。

不论张修存怎么说，张德侦就是不听，非请他吃饭不可。

张修存见没办法让张德侦离去，就说：“张大爷，这样吧，快到春节啦，今年春节的晚上，我陪您吃年夜饭，咱们一起吃饺子，您看好不好？”

“你说的可当真？”

“我说话算数，今年春节的晚上我到您家里去，咱们一起吃饺子。”

张德侦听了非常高兴，满意地转身离去。走了不远，又回头说：“张书记，今年过年，俺在家等着你。”

望着他步履蹒跚的背影，张修存心里有说不出的滋味，心想，今年春节一定要在村里陪三位老人吃顿年夜饭，好好陪他们过一个欢欢乐乐的春节。

春节说来就来了，东水峪出现了从没有过的喜庆气氛。三个自然村的村民都搬进了新楼房。村里街道畅通，路灯明亮，家家户户张灯结彩，喜气洋洋。

除夕这天下午，太阳还没落山，张德侦兄弟三人就忙乎起来了。听说张修存要来吃年夜饭，兄弟三人心里美滋滋的。张德元哼着小曲剁馅子，张德侦乐悠悠地和面擀水饺皮，张德安忙着洗菜，兄弟三人齐动手准备年夜饭，等待着张修存的到来。

张修存把村里的事情安排完以后，骑上自行车到山亭饭店把预定的饭菜打包放到车筐里，又买了三包点心和一箱牛奶，高高兴兴地向张德侦的家中赶去。半路上，他又打电话给村主任冯延会，约他一起去张德侦家吃年夜饭。

张德侦见张修存和冯延会来了，自然高兴得很，急忙把两人迎进屋里。他见张修存手里提了那么多菜，高兴地连连说：“你来家里吃饭买这么多好菜干嘛？还带这些点心和牛奶，让你破费了，俺心里实在是过意不去啊！”

“今天是过年嘛，咱们就好好庆贺一下！”张修存乐呵呵地说道。

张德元接着说：“今天是大年夜，老话说，大年五更吃饺子。没有外人，张书记、冯主任，俺们太开心了！”

就在张德元说话的当儿，张德安从土炕洞里找来了两瓶白干酒，对张修存说：“张书记，听说你来俺家陪着俺弟兄仨过年，今天下午，俺特地到小卖部里买了两瓶白干酒，咱就喝一杯吧。”

张修存要过酒瓶来，先给张德元弟兄仨分别斟满了酒，又给冯主任斟上，然后给自己的酒杯里倒上白开水，笑着对大家说：“酒水不分家，我不会喝酒，就以水代酒吧。”

张德元见状，有点不高兴地说：“大过年的，不喝杯酒怎么能行啊？张书记，你得喝一杯。”说着把张修存的酒杯夺了过来，把水倒掉，准备给他倒酒。

张修存急忙夺过酒杯连忙说：“不行，不行！我的确不喝酒，别难为我了，我以水代酒。”说着又把酒杯夺了过来，斟满了水。他举起酒杯说：“今天过年，咱们能一起吃年夜饭，特别开心，我在这里真诚祝愿三位老人新年快乐、健康长寿！也祝延会工作顺利、全家幸福！”

说罢，举起酒杯分别和三位老人碰了一下，把酒干了。

三位老人也纷纷把脖子一仰，高高兴兴地把杯中酒喝了。

张修存斟满第二杯，动情地说："三位大爷，你们都是历经风雨的人，阅历丰富，今后请多为村里的工作献计献策。我年轻，农村工作经验不足，还望你们今后多多帮助。我相信有党的好政策，有村'两委'的坚强领导，有全体兄弟爷们的共同努力，咱们东水峪村一定会变得越来越好！"

两杯酒下肚的张德侦借着酒兴猛地站起来说："从俺记事起，小时候只有父母陪着俺过年，父母过世后，再也没有人陪俺过年了。今年你们能来陪俺过年，俺做梦也没想到啊！"说完又把杯里的酒干了。

张德安也站起身来说："张书记，你撇家舍业来到俺东水峪，大过年的不和家里人一起，却在这里陪俺三个老头子，俺真不知道该怎么感谢你。张书记，一切都在酒中，我敬你一杯。"

张德安说到这里，心里有点激动，眼里涌出泪花。

冯延会今晚也特别高兴。自从张修存到东水峪村来，自己几乎天天被他的精神感染着。他本来想提前退休在家看孙子，但看到有张修存这样的好书记带头领航，又打消了退休的念头，振奋起精神跟着他干。

他端起酒杯对张修存说："张书记，我干了这么多年的村干部，第一次遇到你这么好的'第一书记'，我从心里佩服你，感谢你！春节是万家团聚的日子，你有父母，有妻女，不在家里陪他们，却在村里和我们在一起，我心里真的很感动。来，我代表全体村民敬你一杯！”说罢举起酒杯，一饮而尽。

张修存见冯主任向他敬酒，端起酒杯说：“感谢你这近一年来对我的理解和支持。跟我这个脾气急的人一起工作，难免会多吃不少苦，多受不少累，谢谢你的谅解！”

张修存看着一张张红扑扑的脸庞，逐渐明白，这些老人在逢年过节的时候，最盼望的是有人在身边陪他们过年。他们最缺少的就是亲人在身边陪伴的温暖。在温饱问题解决以后，他们最难以忍受的就是孤独。从此，每一年过春节的时候，张修存都留在村里陪伴孤寡老人。在四年的扶贫岁月中，他一个春节也没有回家过。

陪三位五保老人吃完年夜饭，他和冯主任，又先后走访看望了六位孤寡老人，给他们送去了新春的祝福。

“噼噼啪啪”的爆竹声响起来，此起彼伏，给长辈拜年的青年们，怀着虔诚的敬意，从长辈家里进进出出，给老人们拜年祝寿，送去新春的祝福。人们满怀信心、满怀希望地送走旧的一年，迎来新的一年。

此时，张修存才想起来该给家中的爸爸妈妈、姥爷打个电话给他们拜年。谁知他刚一掏出手机，女儿的电话抢先打了进来：“爸爸，祝您新年快乐！”

听到女儿稚嫩的童音，他的眼睛湿润了。

提到爱心，他对不起女儿；提到孝心，他对不起父母。想到这里，他的心像被刀子戳了一下，顿时泛起一阵难以控制的酸楚。

情啊，人世间最宝贵的东西。父子情、母子情、夫妻情、兄弟情、姐妹情……他何尝不疼爱自己的父母妻儿，何尝不想让她们活得轻松安逸一些、开心快乐一些呢？可是，这一切都比不上他在扶贫路上的那一片真情啊！

十三　真爱如歌

爱的启示就是世界的救赎，爱是缠绕大地的一根韧带。

——作者采访手记

张修存从来到东水峪村的第一天起，就一头钻到贫困村民家中了解他们的疾苦，倾听他们的声音，解决他们提出的问题。对群众最需要最迫切办理的事情，他一件件记在心里，一件一件去落实。在为民服务工作方面，他给自己定了四条原则：一是群众急切盼望的事抓紧办；二是条件成熟的事立即办；三是工作有主动权的事尽快办；四是需要与其他部门协调的事尽力办。四年中，他先后为村民办的难事、实事超过100件。

起初，人们对这位从城里来的小伙子，能不能在这山沟里坚持下来表示怀疑。

他决定用自己的一言一行，一点一滴地消除村民对他的顾忌和戒备心理。慢慢地，村民熟悉了他，渐渐和他有了亲近感，越来越多的人愿意靠近他。村民有抱怨愿意跟他说，有意见愿意向他提，把他当成亲人来看待。

他来到东水峪村的第十天，是他的值班日。上午10点左右，他在村委会值班，一位四十多岁的中年男子带着一个十六七岁的男孩儿来到办公室。中年男子刚一进门，就问他："您是上级派到俺村的'第一书记'吗?"

张修存急忙站起身来微笑着说："我是上级派到咱们村的，我姓张，你有什么事可以和我说。"

"俺姓冯，这是俺儿子冯鑫。"他指了指带来的男孩儿说："俺儿子今年高考，学籍上的名字和户口本上的不一样，俺到派出所办理更改手续的时候，派出所的人告诉俺，需要先在村里开个证明才能改过来。俺来过一趟了，村会计不在，说是去山亭城街道办事处办业务了，别人无法开具证明。今天他回来了没有?"

说到这里，他叹了口气说："我明天就得外出打工啦，今天办不了，明天怎么办呢?"

"这事我记下来啦，你放心好了，等村会计办事回来，我让他把证明给你开出来，晚上我亲自给你送过去，你看这样好不好?"

"那敢情好，但俺怎么好意思麻烦您去送啊！如果您能把证明开出来，俺自己来拿就行。"冯鑫的父亲喜出望外地说道。

"你家住在什么地方?"

"俺家住在石板房，路不好走，晚上更难走，不麻烦您了，俺明天早上再来拿吧。"

“不用客气，证明开好后，我给你送去。”

冯鑫赶紧替他爸爸说：“俺家住在石板房村最上边那家，门前拴着一条狗，只要有生人来，狗就叫，我听到狗叫就出来接您。”

张修存热情地送走父子俩，然后打电话给村会计，要他办完事情后到村委会来一趟。

冯鑫父子俩走在回家的路上，连连称赞这位新来的“第一书记”对人和蔼可亲，热心为民。

村会计回到办公室后，张修存把事情向他说明了一下，村会计经过核实，把证明开了出来。

“你明天还要去开会，把证明交给我，我给他送过去。”

“张书记，您别去送，打个电话让他自己来拿就行了。”

“你把证明给我，别的你就不用管了，去忙你的事吧！”

夜风习习，张修存带着证明信小心翼翼地行走在山间小道上。

走到离冯鑫家不远处，果然有狗汪汪汪地叫起来。冯鑫听见狗叫，猜到是张书记来了，急忙迎出门外，把他接到屋里。张修存从衣袋里取出证明信，递到冯鑫父亲手里说：“村会计明天还要去开会，他委托我给你送来了。”

冯鑫的父亲接过证明信，十分感激地说：“张书记，这么黑的天，这么远的路，您还把证明信给送来，俺该怎么感谢您啊！”

“我听你说明天一早就外出打工，知道你忙才给你送过来，顺便到你家来看看，以后你家里有什么困难都可以告诉我。”张修存说。

冯鑫的父亲被张修存这种真切的爱民情怀深深地感动了，一个劲儿地表示感谢。

张修存坐在炕沿上和冯家父子俩亲切地交谈，询问他家的生活和生产情况，问有没有什么困难，还问起了冯鑫在学校的学习情况，对他勉励了一番。他见冯鑫的父亲还需要忙着收拾东西，不便久坐，就与父子俩告别返回。

冯鑫说什么也要送他下山，被张修存拒绝了："你爸明天一早就要外出打工，不用你送我，快回屋休息吧。"直到张修存的身影消失在夜幕中，冯鑫父子俩还站在家门口，呆呆地注视着。

通过冯鑫开证明这件事张修存认识到，村民农事忙，挤时间出来办一次事不容易，必须想个办法，让群众少跑腿。他想起了山航执行的AB角制度，可不可以把机关的这种制度用到这里来呢？

他和村"两委"经过讨论，认为这个方法可行，于是就把村委成员的职责，配成AB角。A角外出办公务时，工作由B角代替，B角外出则由A角代替，这样既不影响外出办公，又不耽误村民办事，有利于转变工作作风，更好地服务于村民。

2014年4月23日晚，村民们都进入了梦乡，张修存处理完手头的几件事，正想上床休息，手机突然响了起来。他想：这么晚了，谁还给我打电话？会不会是有急事找我？

"你是张书记吧，我是冯玉平。"一阵急促的声音传来。

冯玉平急切而又焦虑地说："俺家的羊群，昨天突然拉肚子，全都不吃草了，一百多只羊都这样，俺心里着急，所以打电话问问您该怎么办。”

“冯大哥，别着急，我马上就到。到了以后，再帮您想办法。”

冯玉平是位老党员，他平常积极参加党员活动，热心村里的公益事业。去年贷款买的一百只羊，成为他的主要收入来源。一家人全靠一群羊过日子，一旦出现意外，那损失可就大了。

张修存接到冯玉平的电话，完全没有了睡意，急急忙忙拿起手电筒，冲入漆黑的夜幕，踏上那曲折的山路。

赶到现场一看，羊圈上方悬挂着两个保险灯（即灯笼），在现场围观的十几名群众都束手无策。冯玉平双手抱着头蹲在地上，愁眉不展。

他看到张修存来了，急忙站起身，迎了上来，急切地说：“张书记，您看看这到底是咋回事啊？快帮我想想办法吧。”

冯玉平说着说着，几乎失声痛哭。

其实此时张修存比别人更着急。他认真查看了一下羊的症状，然后掏出手机给他的朋友（畜牧专家）张华东打去了电话。此时，张教授已经睡下了，听到有人给他打电话，有些不悦地问：“这么晚了，打电话有什么急事吗?”

“张教授，我是修存，俺村里有个养羊专业户养的羊得了急病，着急得很，向您请教一下该怎么治疗。”

“哦，是修存啊，什么情况你说吧。”

他把羊的症状向张教授做了详细描述。

张教授听了之后，确认羊得的是小反刍兽疫（俗称羊瘟），需要紧急注射小反刍兽疫苗。

他告诉张修存，这种病的传播速度快，死亡率高，需要及时治疗。

张修存打完电话，立即对共青团员阿欣说："咱们抓紧走，你开摩托车带着我，咱俩去枣庄兽医站拿药。"

他向冯玉平打了声招呼："你在家里等着，注意观察疫情的发展，我和阿欣去拿药。"

阿欣把摩托车开了过来，他跳上后座，火速向枣庄兽医站赶去。

来到兽医站，只见大门紧锁，连保安也已熄灯睡觉了。"砰砰砰"的敲门声把保安惊醒，他揉了揉眼睛，很不耐烦地问道："深更半夜的敲门干吗？你们找谁？"

"我们是东水峪村的，有个养羊专业户家里的一百多只羊得了急症，急需来这里拿药回去抢救。时间很紧迫，抢救晚了，恐怕就没救了。"

保安一听，急忙给兽医打了个电话，告诉他有人找他去给羊治病。兽医是个很有责任心的人，一接到电话就急忙起床来到兽医站。

张修存向他讲述了一番羊的症状，要求他带上小反刍兽疫苗注射液，一起到东水峪村冯玉平的养殖场去诊断治疗。

阿欣骑着摩托车带着张修存走在前，兽医骑着摩托车紧跟在后面。半个多小时后，他们来到了养殖场，见冯玉平正在心急如焚地等待着。

兽医急忙进行了认真的查看和诊断。

经诊断，羊患的确实是患了小反刍兽疫，这种病只要治疗及时，治愈率很高。他告诉冯玉平不要着急，等他把药液打上，羊的病很快就会好的。

兽医给羊打完针，又向冯玉平嘱咐了一些注意事项，就回兽医站去了。

张修存陪着冯玉平坐在羊圈旁边认真地观察着羊打针后的反应。

一个小时过去了，有几只羊摇摆着尾巴，开始吃草了。冯玉平不忍心让张修存继续陪着他熬夜，非常感动地说："张书记，您的事情多，快回去睡会儿吧，说不定天不亮就有人找您呢。"

见羊的病情有了明显的好转，在冯玉平的多次催促下，他才挥手告别。临行前，他一再对冯玉平说："我的手机一直开着机，羊的病情要是有什么变化，随时告诉我。"

第二天一早，他又来到冯玉平的饲养场。看到所有的病羊全都吃草了，心里的石头才落了地。他笑着对冯玉平说："大哥，不用担心了吧？我看没有大问题了。"

连续几天，他每天都要到羊圈来看一看，直到一百多只羊的病都完全好了，他才彻底放下心来。

村里有个叫陈佳茹的女孩子，父亲精神失常走失，五年多没有消息，母亲被迫改嫁，爷爷身体不好，后来奶奶又得了偏瘫，完全失去了劳动能力。一个十三岁的女孩儿，生活在这样一个家庭，其艰难可想而知。

为了给奶奶治病，家中已是债台高筑，因为家里太穷，陈佳茹面临辍学。

张修存得知这一情况，在“两委”会上把这件事提了出来。

经研究决定，村里安排两名妇女轮流到陈佳茹家中照料二位老人。

张修存自己又拿出200元钱，为陈佳茹交了学费。

陈佳茹的奶奶躺在床上痛苦呻吟的情形，爷爷卧床不起的情景，小佳茹愁眉不展的神情，总是在张修存眼前浮现，让他坐立不安。

如何帮助小佳茹减轻家庭负担，让她在学校安心学习？张修存为此动了不少脑筋，想了不少办法。他想到了山航同事李静秀大姐。李静秀是位非常有爱心的人，她为人厚道善良，乐于助人，几年来，援助了很多贫困学生。张修存立即给她打电话，把陈佳茹的家庭情况告诉了她，问她能不能拉小佳茹一把，希望她能够和小佳茹结成家庭帮扶对子。

人间自有真情在。李静秀听后，爽快地表示愿意帮小佳茹完成学业。随后坐上从济南到山亭的汽车，亲自来到小佳茹的家里。看到她的家庭情况，李静秀第一次见到如此贫穷的家庭，便把随身带的1000元钱全部给了小佳茹的奶奶。

自此以后，她对小佳茹就像对自己的亲生孩子一样，承担了她的一切学习费用。

小佳茹在李静秀的资助和鼓励下，学习十分刻苦，成绩不断提高，很快由过去的后进生变成了尖子生，2015年以优异的成绩考上了重点高中。

张修存还把陈佳茹家列为贫困家庭，办理了低保，向民政部门申请了困难救助金。在多方帮助下，小佳茹的奶奶身体也逐渐康复。

小佳茹的奶奶病倒后，曾去过山亭、枣庄等地的多家医院，都没有治好，张修存最后帮她转到济南市千佛山医院住院治疗。老人在济南，人生地不熟，感到特别孤单，张修存就让妻子给她送钱送饭，给予她多方面的关心照顾。不但在物质上帮助她，还在精神上给予了她很多安慰，使她的病情有了很大好转。

2016年大年初一，张修存在村里给五保老人、困难户拜完年后，坐车赶到济南，让妻子多包了些水饺送到千佛山医院，老人看着热气腾腾的水饺，眼泪大颗大颗地掉了下来。

不是亲人胜过亲人。张修存的无私帮助，让老人感动不已，她时常眼含热泪对人讲："张书记对俺恩重如山，俺这辈子都忘不了。"

午夜，四周万籁俱寂，寒风把残存的树叶席卷一空。张修存走在返回办公室的路上，紧了紧身上穿的那件军大衣，禁不住打了个寒战。看望癌症病人李翠兰的情景总是在他脑海里挥之不去。

五十岁的村民李翠兰被查出患有胃癌。在病魔的无情折磨下，她蜡黄的脸上布满愁容，整日以泪洗面。张修存得知此事以后，非常同情这个家庭。

吃完晚饭，他走进了李翠兰的家门。李翠兰身上穿着补丁摞补丁的旧棉袄，头发散乱，目光呆滞，虽然只有五十岁，看上去却像个七十多岁的老太太。

她见到张修存先是一惊，听完他的自我介绍，才让女儿搬来小木凳让他坐下。

“这几年，为了看病，俺家辛辛苦苦攒的钱，全部送到医院里去了。俺感觉俺的病越来越重了，恐怕连新年也过不去了。”说完，李翠兰哽咽着从怀里掏出一块又脏又破的布条擦了擦眼泪。

张修存耐心地安慰着她，鼓励她一定要有战胜疾病的信心。

“大姐，你千万不要过于伤心。听医生讲，病情发现及时，治愈率还是非常高的，你一定要有信心。我和村干部商议一下，一定找最好的医生给你治病，你就放心吧！”

他的一番恳切的话语打动了李翠兰，她表示一定要好好活下去。

他又安慰了李翠兰一番，才离开她家。走在返回的路上，他边走边想，如果不迅速改变农村落后的面貌，看病难和因病致贫的家庭会越来越多。

在接下来的一次“两委”会上，有人提出，大病提前预防很重要，有些恶性肿瘤，如果能提前发现，及早预防，就会大大减轻病人的家庭负担。

他听了这话，非常赞同这一看法，他认为大病提前预防是减轻群众负担的重要措施，必须想办法解决这个问题。“两委”会议一散，他就赶往枣庄医院，找到院长，向他提出了每年选派医生和查体车到村里进行一次义诊和免费查体活动的请求。

褚院长听后，非常支持，表示今后要形成机制，定期进村服务，并决定近期派医生带着医疗器械进村，开展下乡义诊活动。

2015年4月，枣庄市肿瘤医院下乡查体大篷车直接开进了南洼村。村民们听到消息，一个个喜出望外，早早来到村委会排队接受体检。

义诊中，共查出5名重疾病患者。其中村民陈孔英被查出早期肺癌，随即到医院做了切除手术。手术非常成功，陈孔英很快就康复了。

张修存去探望她的时候，陈孔英突然大哭起来，弄得张修存手足无措，急忙问她：“大姐，你的手术这么成功，康复得这么好，为什么还要哭呢？你还有什么伤心事啊？”

陈孔英擦了把眼泪说：“张书记，见了你，我突然想起我的女儿来。三年前，我女儿也是患了肺癌，因为是晚期，医生说没有办法治疗，不久就去世了。如果能像如今这样早检查，早治疗，她也许还活着。”

“大姐，过去的就过去了，咱就别去想了，你好好保重身体才对啊。”

村里通过这次义诊查体，还查出了9名白内障患者。

这9名患者多为村里的困难户。为了减轻他们的经济负担，张修存又同山东省九三学社联系，希望他们实行免费手术。经过几次协商，九三学社为9名患者全部免除了医疗费。

为彻底解决村民因病致贫、因病返贫的问题，他发动村民成立了村民扶贫互助协会，实施第三次报销制度。具体实施办法是：村民患了病，第一次先由新农合报销，第二次是大病救济，两次报销以后，自付费用超过五万元的，由村民扶贫互助协会给予第三次报销。这样就大大减轻了村民的医疗负担。

村民扶贫互助协会的费用从哪里来？他们采取了三个途径：一是来源于会员会费；二是从村里集体经济收入中抽出一定比例的医疗费用；三是接受社会各界的捐助。

2015年1月24日，枣庄市迎来了一场罕见的大雪。风烈烈，雪纷纷。纷纷扬扬的大雪，丝毫没有停下来的意思，这可是枣庄多年不遇的大雪啊。

张修存眼望着屋外的大雪，不由得忧虑重重。这么大的雪，不但给出行带来不便，还会给老百姓的生活带来困难。他们的塑料大棚、厂房车间，会不会被大雪压塌？

想到这里，他怎么也待不住了，草草吃了几口饭，穿上雨靴，找来一根木棍拄着，沿村西侧主道向南，边走边看。

整个野外银装素裹，飞舞的雪花在空中旋转。雪地里，一个人也看不到。他拄着木棍艰难地向前行走着。路边的树枝，有的被压弯，有的被折断，有的垂在半空，有的掉在地上……

不一会儿，他看到有村民出来清扫积雪了。

“张书记，您这么早就出来了，快进屋暖和暖和吧！”村民见他满身都是雪，对他说道。

“不用了，赶快打扫积雪吧。”

他帮着村民把折断掉在地上的树枝捡起来，清理完毕后，他走进了贫困村民徐庆礼的家里，查看他家的生活情况。好在大雪来到之前，家家户户听到了天气预报，备好了粮油、蔬菜等生活用品。

他突然想到村民徐占成孤身一人，行动不便，便决定到他家里去看看。

一进家门，他就感到室内寒气逼人，缸里的水都结了冰。

徐占成搓着冰冷的手对他说：“张书记，这大雪的天，您怎么来啦?”

“我到你家看看有没有困难。”

“张书记，谢谢您还惦记着俺，您送来的米和面都还没吃完，家里没有困难。”

他看了看清冷的屋子，问道：“大爷，这么冷的天，你怎么没生炉子?”

老人不好意思地笑了笑说：“这雪来得太突然了，俺还没来得及去买煤。”

张修存见此情景心里有些难受，急忙脱掉棉袄，抄起铁锨扫帚，帮徐占成把院子里的积雪打扫干净。

临走时，他对徐占成说：“大爷，今后生活上有什么困难就告诉我，我尽力帮你解决。”

他回到办公室，通知“两委”干部“紧急集合”，抓紧购买煤炭和棉被，送到生活困难的村民家里。

春节是亲人团聚的日子，也是孤寡老人倍感孤独的时候，他们需要温暖，更需要陪伴。张修存就把每年的春节作为密切联系群众的最佳契机，陪老人过年，陪老人聊天，把党的关怀送给他们，让他们感受到党的温暖。在张修存的日记中有这样两段记录：

2015年2月18日 星期三 晴

今天是年三十。早上起床，就听见村里的鞭炮声响个不停，心里不由得想起年迈的父母，懂事的女儿，还有贤惠的妻子，他们此刻也盼望着我回家团聚吧。看着村里外出打工的乡亲们都陆续回家与家人团聚，我心里酸酸的，我也想陪伴父母尽孝心，陪着孩子逛公园，与家人共享天伦之乐。但是，今天还有一件更有意义的事情需要我做。

上午10点半，我带领村“两委”班子成员5人来到五保户孔祥喜老人家里，给老人拜年，贴春联。孔祥喜老人无儿无女，孤身一人，而且身体还有残疾。村主任徐开英大姐在家里煮好了饺子，端到老人家里。中午我们陪着老人一边聊天，一边吃饺子，老人的脸上流着幸福的眼泪。

2016年2月7日 星期日 晴

今天是腊月二十九。事实证明，面对面不如肩并肩，让老人过来领物资与把物资送到老人家里去，效果大不一样。50位享受高龄补贴的老人，大多行动不便，年纪最大的已经94岁了。我带着南洼村村“两委”4名干部用一上午走遍了三个自然村，发放高龄补贴慰问金共5000元，代表村“两委”向老人们送去新春祝福，并给五保户送去了米、面、油等生活用品。

中午12点，我与村书记许文合来到五保户王彦良家，陪老人一起过年。老人今年七十六岁了，今天看起来很高兴。由于今年实行兜底安置，他领了2000元现金，还领了不少生活用品，除米、面、油外，还有电视机、棉被等。老人很激动，拉着我的手说个不停。

放鞭炮，吃饺子……这是我第三次在村里陪孤寡老人过年了。

我乘坐火车回到济南已是晚上7点半了，走进家门，就看见一家人围在饭桌前，一桌丰盛的饭菜，谁也没有动筷子，都在等我一个人回来。望着残疾的父亲、年幼的女儿和辛勤的爱人，深深的愧疚之感油然而生。

十四　悠悠不了情

拳拳深情，编织成斑斓的花环，奉献给了他无比热爱的东水峪；汩汩爱意，融化成涓涓溪水，流入东水峪的山川大地。这情永恒、无限，矗立起一座“第一书记”灵魂的丰碑。

——作者采访手记

2015年4月24日，是一个风和日丽的日子。东水峪社区传出了一个让村民惴惴不安的消息：张修存完成了两年的挂职“第一书记”任务，今天就要离任了。省委组织部在山亭区举行首轮“第一书记”考核述职大会。

村民冯兆欣听到张修存要离开的消息，一溜小跑地回到家，一进院子就气喘吁吁地对躺在病床上的老父亲喊道：

“爹，告诉你个事儿，张书记今天就要离开咱村了。”

“你说什么？张书记要走了？”

“对，他要离开咱们村，到南洼村去。”

“他今天就走吗？”

“是的，他今天就走。”

“你快把俺扶到村委办公室，让俺见他一面，和他说句送别的话。”

冯兆欣扶着父亲，摇摇晃晃地向村委会奔去。

张修存要离开的消息很快传遍了东水峪社区。这天一早，村民纷纷扶老携幼来到会议室门外，为他送别。

村民们站在会议室门外，等待着会议结束。

会议结束了，人们如潮水般涌向会议室大门口，将门口堵了个水泄不通。

村书记冯爱立在前面拨开人群，给考核的领导让出一条通道，让他们先走出会议室。考核组的同志看到这动人的场景，深受感动，他们想不到张修存和群众的感情会如此之深。

张修存走出来了，人们一齐拥上前去，和他握手告别。

冯兆欣见来送别的人太多，怕挤坏了老爹，干脆把老爹背起来，钻进人群，远远看到张修存正在忙着和前来送行的人们一一握手。

“修存，修存——！”冯大爷在人群中大声向张修存喊道。

张修存见冯兆欣背着他父亲来了，急忙迎上去握住他的手说道：“是冯大爷呀，您怎么也来啦？您的伤好了吗？”

“比前些日子好多了，听说你要离开东水峪，舍不得你走啊。”

冯老汉今年六十八岁，在荒山开发中不小心把腰扭伤了，这几天刚从医院回到家里。

“大爷，我也舍不得离开咱东水峪，舍不得离开您老人家，但这是上级的决定，我必须服从。”

“俺知道，俺知道，俺只盼望着你还能经常来东水峪看看俺，咱爷俩见见面，拉拉呱。”

“冯大爷，您放心吧，有时间我肯定会回来看您的。”

冯老汉深情地上下打量着他，依依不舍地说：“修存，回去以后，你一定要多保重身体。”

冯老汉说罢，顿时觉得像失去了什么，心里空荡荡的，泪水不禁模糊了他的双眼。

张修存也被冯大爷感动得热泪盈眶。

村民冯志远刚走进家门，妻子就迎上来问他：“今天下午我在大街上听说张书记要离开咱们村了，这是真的吗？”

“这事可能是真的，我也听人家都这么说。”

“你最好再出去打听一下，如果是真的，咱怎么也得送点儿东西给他，表表咱的一点儿心意。”

“好，那我就去一趟村委会，看看这事到底是不是真的。”

丈夫一走，妻子就从屋里背出一袋花生米，认真挑拣起来。她要挑选个头大、颗粒饱满的，送给张书记。

冯志远来到村委办公室一看，人们扶老携幼，有背着花生的，有带着核桃的，有提着鸡蛋的，还有抱着大公鸡的，都来为张书记送行。

冯志远看到这般光景，转身就往家跑。一踏进家门，就大声向妻子喊道：“玉秀，快点把花生米背出来，张书记真的要离开咱们村了，大家伙都到村委会门口了，咱不能去晚了，晚了怕见不上他了。”

小两口背着花生米，火急火燎地赶往村委会。

张修存眼含泪花同村民们一一握手，婉言谢绝了乡亲们赠送他的“土特产”。

村书记冯爱立向送行的村民大声喊道：“大家静一静，我给大家讲两句话。两年前的东水峪村是什么样子，现在是什么样子，这些大家都还记得很清楚。咱们村为啥会有今天的变化，大家心里都明白。咱永远不能忘记是谁撇家舍业，在这里付出了心血和汗水，帮咱们拔掉了多年的穷根。他今天就要离开咱村了，我代表村‘两委’宣布：张修存书记永远是东水峪村的‘荣誉村民’，大家同意不同意?”

“同意!”大家异口同声地回答。

面对送行的父老乡亲，张修存十分动情地说：“转眼间我到咱东水峪村两年多了。两年多来，乡亲们给了我真诚的指导和热情的帮助，让我在这里学到了许多书本上学不到的东西，我从内心里感激你们，在这里我向你们表示衷心感谢!”

说到这里，他向所有来送行的村民们深深地鞠了一躬。

看着一副副熟悉的面孔，看着一双双真诚的眼睛，他两眼闪动着泪光。

“东水峪是我永远的故乡，今后不论在何时何地，我永远都不会忘记！我相信咱们东水峪村今后一定会越来越好!”

他擦擦眼睛，挥挥手，向乡亲们告别。

别了，我深爱着的东水峪！

别了，我深爱的父老乡亲！

他又一次深情地向送行的人群鞠了一躬，眼泪夺眶而出。

泪水是什么？是激动还是伤感？不是，是他依恋这片土地的一片深情。

“为什么我的眼里常含泪水？因为我对这土地爱得深沉。”事后张修存说。

他步行着走出村庄，乡亲们送了一程又一程，直到走出村子很远很远，他才劝住送行的人们，坐上返回济南的汽车。

张修存回到单位述职。山航集团党委书记孙秀江、纪委书记林海波对他在扶贫工作中做出的贡献和付出的努力给予了充分肯定，并鼓励他继续保持在扶贫工作中的拼搏精神，把山航的工作做好。

山航股份公司党委书记姜成达、总经理苗留斌听说张修存圆满完成两年扶贫任务回来了，也都十分高兴，和他进行了交流，赞扬他在驻村扶贫工作中做出了成绩，赢得了荣誉，为山航增了光、添了彩。

他在向省委组织部汇报工作时，提到了南洼村村委会希望他继续留在山亭，挂职南洼村“第一书记”。高尚山处长热情地对他说：“既然南洼村需要你，我支持你继续包村扶贫，希望你能把那里的工作做得更好，让南洼村早日告别贫困，让那里的群众早日过上好日子。”

各级领导的关心和鼓励，让他像鼓满风的帆，他决心不辜负各级领导对他的期望，到南洼村创造更加辉煌的成绩。

十五 “五顾茅庐”请书记

三国时期，刘备三顾茅庐，请求诸葛亮出山打天下，辅佐他建立了蜀汉政权，留下了千古流传的佳话；在当今，南洼村老书记许文合五顾茅庐请求“第一书记”张修存帮他们村脱贫致富，在南洼村也传为美谈。

——作者采访手记

南洼村老党员王彦朝是张德侦的表弟。2014年清明节，他到东水峪村去看望张德侦。到石板房一问，全村村民都搬迁到山下住了。

他来到山下一看，一座座漂亮的楼房出现在眼前。他打听到表哥家的楼房编号，走进他家一看，大吃一惊。想不到半年没见，表哥竟然住上了这么漂亮的楼房。

“哥，这楼房是你花钱买的吗？得值好几十万啊，你哪来的这么多钱？”

“这楼房是村里分给我的，我一分钱都没花！”

“啊？哪有这种好事？你们村里不花钱就能住上楼房，可能吗？”

“是因为俺村来了个‘第一书记’，张书记待俺可好了。”

张德侦还向王彦朝介绍了张书记陪他一起吃年夜饭的事。

王彦朝听后感到既惊奇又新鲜，回到南洼村就向老书记许文合说了这事。说完他又问：“文合，人家东水峪村有‘第一书记’，咱南洼村怎么就没有？你是不是去请求一下，把他请到咱们村来？”

许文合一听，十分惊喜，第二天就带上全体村委干部，开着三轮车来到了东水峪村委办公室，先让王彦朝点燃了一挂爆竹。

正在村委办公室开会的张修存突然听到室外响起了噼噼啪啪的爆竹声，急忙走到院子里一看，一群陌生人正在燃放鞭炮。

王彦朝指着许文合向张修存介绍说：“这是俺南洼村的老书记许文合。听说你们东水峪村来了‘第一书记’后变化很大，今天我们是特地来请‘第一书记’的。”

张修存弄明白了缘由，急忙把许文合让到屋里说：“我叫张修存，我就是东水峪村的‘第一书记’。”

“你就是‘第一书记’？”许文合一听，急忙握了握张修存的手，“今天俺村的‘两委’人员全来了，就是来请你的。俺昨天忙乎了大半个晚上，才把你住的办公室收拾好，也把‘第一书记’的牌子给挂上了。你看什么时候能去俺们村呢？”

张修存耐心地向他解释说：“选派驻村‘第一书记’，是山东省委组织部的统一安排，并不是你来要，我就能去的，要有一定的组织程序。”

许文合在南洼村当了十几年的书记了，看到东水峪村如今变成这个样子，心里又羡慕又着急。他是个有强烈脱贫致富愿望的人，但由于受文化水平和工作能力的限制，村里脱贫致富的步子一直迈得不快。这次本想把“第一书记”抢进村里，不料却被拒绝，愿望落了空。

他很失落地带领“两委”一班人悻悻而归。

回到家里，他左思右想，咋说也不甘心，非要把“第一书记”请进村不可。

第二天一早，他就到山亭区委组织部，请求让张修存到南洼村担任“第一书记”。

区委组织部答应给他协调，争取把张修存留下来，到南洼村去。

许文合连续在家等了七天，没有等到“第一书记”进村的消息，着急了，又开着三轮车到东水峪村找到张修存。

张修存告诉他，自己在东水峪村的工作还没结束，也没接到组织部门的任命，劝许文合回家耐心等一等。

许文合着急地说：“张书记，饱汉子不知饿汉子饥，俺着急啊！”

他又一次失望地回到家，自己鼓励自己说：请“第一书记”尽管有难度，但俺有决心。无论如何也得把张书记请进村来，让他来帮助村“两委”改变南洼村的落后面貌。

从那以后，他三番五次到山亭区和山城街道办事处找组织部门，请求他们出面协调帮助。

2015年1月8日，许文合第五次来到东水峪村邀请张修存。

张修存被许文合这种锲而不舍的精神深深地打动了，他紧紧握着许文合的手说：“等东水峪村任期结束后，我就向组织上申请继续留在山亭，到南洼村驻村帮扶。”

2015年2月初，山东省委组织部正式批准张修存任南洼村“第一书记”。

许文合终于实现了心中的愿望。

张修存的父亲听说他还要留在枣庄继续挂职，心里禁不住有些疑问：开始说挂职时间是一年，结果一去就是两年，好不容易盼到两年结束了，怎么又变成四年了呢？这是怎么回事啊？他打电话给张修存：“儿啊，听说你还要留在枣庄继续驻村扶贫，这是真的吗？”

“爸，是真的，这是扶贫工作的需要，我已向组织提出了申请并得到了批准。”

“这事你得好好考虑考虑。这两年可把你媳妇累得不轻啊！你看她又黑又瘦。公安工作那么忙，她还要利用休息时间照顾俺们三个老人和女儿，累啊！这两年她实在是太不容易了，我们都盼着你回来以后好好替替她，不能再让她受这么多累了。”

老人说的都是心里话，张修存心里很惭愧，感觉真是对不住妻子。

从家里的现实情况来看，他真的不该继续留在枣庄做扶贫工作了。但是再想想许文合老书记热切期望的神情，想想那些还在贫困中挣扎的村民，想想习近平总书记说的“人民群众对美好生活的向往，就是我们的奋斗目标”时，他又犹豫了。

经过一番思想斗争，他最终还是决定服从党和人民的需要，继续驻村扶贫，争取再用两年的时间帮助南洼村摘掉贫困“帽子”。

他把去南洼村帮扶的想法告诉了妻子，妻子犹豫了一下，没有说话，显然这两年她付出了太多。

“艳华，南洼村的干部群众都盼望着我去带领他们脱贫致富。南洼村的老书记可是‘五顾茅庐’啊！咱们能忍心拒绝吗？”

“修存，咱俩都是党员，我不阻拦你，我支持你的选择。”

听了妻子这些话，张修存激动地把她拥进怀里。看着她消瘦的面容和疲惫不堪的样子，再看看被她收拾得干干净净、井井有条的家，看看懂礼貌、爱学习的女儿，看看三位老人脸上的笑容……他太感谢妻子了，感谢她的大力支持和辛勤付出！

在与姥爷、父母、妻女分手的那天，他的眼睛再一次湿润了。他无比珍爱这个家，也无比热爱山亭的一草一木，他又怀着一腔热血和无限激情，匆匆踏上了新的征程。

十六　山航速度

有人说，顽强的毅力可以征服世界上任何一座山峰。也有人说，生命之价值与对人类的奉献成正比。这些话在张修存身上得到了印证。

——作者采访手记

2015年2月11日，张修存参加完第二轮“第一书记”培训班以后，正式来到南洼村任职“第一书记”。此时，他还在兼任东水峪社区“第一书记”。张修存心里非常清楚，东水峪社区面临党建脱贫全面考核验收，南洼村面临精准脱贫规划起步，哪一边都不能放松。

六十多岁的老支书许文合请来了张修存，愿望得以实现，带着“两委”干部高兴地迎到了村外山坡前。

早上8点，两人一见面就谈到了村里的工作，边走边聊。张修存问：“南洼村有什么主要资源？”许文合摇了摇头说：“一穷二白，啥资源都没有啊！”

“许书记，你看，这不就是很好的资源吗？”他指着公路两边说。

许文合抬头看了看，公路两边什么都没有，有点莫名其妙地问：

“张书记，你指的是什么资源?”

“这里交通发达，车流量大，如果在这公路两边做上几块户外广告牌，一年十几万元就来了，这难道不是很好的广告资源吗?”

经他这一说，许文合才恍然大悟。他不得不佩服张修存敏锐的观察力和很强的市场意识，对他更加钦佩。

许文合把张修存领进村里，本想让他到村办公室里坐上一会儿，顺便把村委会干部召集到一起，开个茶话会，彼此相互认识一下。谁知张修存却说：“从今以后，大家 都在一起工作，认识的机会很多，咱们还是到村民家里坐坐，听听他们的意见和要求吧。”

这天是农历腊月二十三，正值过小年的日子。在天南海北打工的村民们大多数已赶回家里过年，街头站了很多人。张修存热情地同他们打着招呼，向他们问这问那。

在与村民的交谈中，多数人反映说，快过年了，村里一到晚上就黑灯瞎火的，大街上连个路灯都没有，串个门都不方便，也不安全，要是能安上路灯，那该有多好啊!

张修存是个雷厉风行、说干就干的人，当即问许文合：“春节马上就要到了，村民希望安路灯，你看咱该怎么办?”

“安路灯是好事，我非常赞同，村民多年前就有这个愿望，可是他们不当家不知道柴米贵，站着说话不腰疼，眼下村集体一分钱都没有，到哪里去弄钱安路灯? 除了向村民集资，没有别的办法。如果向村民集资，困难太多，不太现实，多数人家里穷得叮当响，谁家能拿得出钱来啊!”

“群众之事无小事。群众期望办的事，咱们就该积极去办，有困难想办法解决。安路灯是村民的共同愿望，马上就要过春节了，我看咱们说干就干，争取今年春节前把路灯安好，让村民过个开心年。”他果断地对许书记和王副书记说。

许文合和王玉祥听了他的话，大吃一惊，再过几天就是春节了，别说没钱，就是有钱，短短几天的时间，也来不及安装了。

“张书记，今天就是小年了，你感觉时间还来得及吗?”王玉祥问道。

张修存沉思了一下，没有立即回答。

“张书记，你想给村里安装路灯，这想法当然是好的，是不是你带来了上级拨下来的扶贫款?”许文合接着问。

“上级让我来驻村扶贫，现在还没有给咱拨扶贫款。钱，我想先用我个人的垫上，等上级拨下款来再还我。钱的事就不用你俩操心了，咱就集中商量一下怎么安路灯吧。”

许文合听说张修存自己借钱给村里安路灯，很受感动，表示坚决支持。

“听说去临沂批发市场购买灯具便宜，比在当地购买要节省不少钱，我感觉还是去临沂买比较合算。”王玉祥说。

“那咱就到临沂去买。许书记你看这样可以吧？你年龄大，在家里和电工负责测量。再安排两个人，随我和王玉祥一起，明天早上就去临沂批发市场购买灯具，怎么样？”他向许书记问道。

“什么？明天早上就去临沂购买灯具？哪有这么急的？”

张修存继续说：“时间不等人啊！今天就过小年啦，咱们不能再拖了，如果不抓紧去买，就怕市场商户都关门回家过年去了。咱们说干就得干啊。你看，村里在外打工的青年都回来了，也是一年中村里最热闹的时候。扶贫先扶志，我们要抓住宣传的最佳时机，让全体村民树立起战胜贫困的信心，燃起他们心中对美好生活的希望。许书记，中午咱们就开个支委会商议一下，下午做出路灯规划和预算，晚上就抓紧找人和雇车吧。”

许文合和王玉祥对这位新来的“第一书记”的行为，感到既惊奇又感动：来到南洼村屁股还没坐，水没喝，饭没吃，行李还没放下，就急着干工作，哪有这样玩命工作的人？

许文合劝他说：“安路灯再急，也得吃午饭啊。走走走，咱们一起吃点午饭去，我请你吃饭，也代表村委会给你接接风。”

“今后咱们是搭档，成天在一起工作，哪需要这么客气？开会要紧，中午买几个包子就好了。明天我和王玉祥去临沂购买灯具，你下午让村里的电工现场勘察测量一下，看需要买多少灯具，下午我们再碰头商议。”

第二天早晨，张修存带领着南洼村副书记王玉祥和两名村干部跳上雇来的小货车，直奔临沂灯具批发市场。

在车上，王玉祥担心地问他：“张书记，按照规划设计，南洼村所有自然村的街上都安路灯，需要192盏，至少得5万块钱，咱带的钱够吗？”

王玉祥问的这个问题，也曾是张修存思考的难题。他带的银行卡里只有2万元，全部垫付上也不够，怎么办？昨天下午，会后不久他就给妻子通了电话，让她转来了3万元。

“5万块钱，都在这银行卡里。”

王玉祥听后，心里十分感动，他想不到这位“第一书记”竟然会做出这样的举动来。

经过两个多小时的奔波，他们赶到了临沂灯具批发市场。

到了市场一看，让他们有点失望，大部分店铺都关门了，外地商户都回老家过年去了，只有零零星星的几家店铺还在营业。

他们连着走了五家商户，灯具都不齐全。

这可把张修存急坏了，他对同来的三名村干部说：“如果今天买不上灯具，春节前村里就安不上路灯。咱们四个人分头去市场转转，发现哪里有咱们需要的灯具，咱们就到哪家店购买。”

于是四个人分头在灯具市场里转，一家店一家店地跑，一家店一家店地问，最后从三家灯具商户凑起来192盏LED路灯及配套设施。

路灯买齐了，他们自己当起了装卸工。

等把灯具装上车，天已完全黑了下来。

此时，周围村庄响起欢庆过年噼里啪啦的鞭炮声，此起彼伏，响彻天空。四个人坐在小货车里，尽管疲惫不堪，但一个个都非常欣慰，毕竟是把灯具全都买齐了，心里怎么能不高兴呢？

夜色茫茫，大地沉寂，小货车飞一般地在高速公路上奔驰着。

回到南洼村，已是晚上10点多钟。

四个人七手八脚地忙乎了接近两个小时，才把车上所有灯具全部卸下来。

这时，张修存才感到了饥饿。

许文合见他汗流满面，苦笑着对他说：“张书记，你自打到南洼村来，就还没吃上过热乎饭，俺看在眼里，疼在心里。如果村周围有饭店，怎么说俺也得请你到饭店里去吃一顿。可是方圆十几里地，都没有饭店；有心请你到我家里去吃，恐怕老伴早就睡下了。看到你两顿饭都没吃，我这心里过意不去啊！”

“老支书，不用惦记我，我的背包里有吃的，临来的时候，媳妇给我装上了熟鸡蛋和面包，我回到住的地方再吃吧。”

许文合把张修存送到村里为他准备的那间小屋，站在小屋前寒暄了几句，就回家睡觉去了。

这是一间低矮破旧的石头房，他走进去一看，里面又黑又暗。他从包里掏出手电筒，往屋内一照，看到床前上方吊着一根小绳，他拉了一下，电灯亮了。环视了一下四周，屋内没有窗户，没有暖气，仅有一张小床，一张小条桌和一个小方凳，连个做饭的煤炭炉子都没有。多亏他的包里还有两瓶矿泉水，他打开瓶盖，咕噜咕噜，一口气喝下了大半瓶，接着掏出面包和鸡蛋，狼吞虎咽地吃了起来。

这一夜，他睡得很香甜，睁眼一看，已是早上6点多钟，他赶紧起来，穿好衣服来到路灯安装现场。

过了一会儿，许文合也赶来了，他们简单商量了一下，就动起手来。

村民对安装路灯积极性很高，按照分工，挖坑的挖坑，抬线杆的抬线杆，热火朝天地干了起来。

张修存的腿虽然受过伤，但他却和村民一样抬着几百斤重的水泥杆，艰难地、步履蹒跚地往山上一步一步地挪。他一步一咬牙，走不多远就气喘吁吁，大汗淋漓。可一想到春节临近，安装必须赶在春节前完成，他就浑身是劲。

到了下午，他筋疲力尽，腰酸背痛，受过伤的腿像灌了铅，挪一步都难，但他还是以常人难有的顽强毅力支撑着、坚持着……

每天天刚亮，他就早早来到安装现场；下午别人都回家了，他还在工地上转来转去。

经过五个昼夜的连续奋战，南洼村三个自然村村内主干道的路灯全部安装完毕。腊月二十八晚上，街灯全部亮了起来，结束了三个自然村千百年来没有路灯照明的历史，让南洼人盼望了多年的街灯梦变成了现实。

腊月二十九晚上，街头出现了热烈沸腾的场面。晚上八点，村民们扶老携幼走上街头，看到一盏盏路灯闪烁着醉人的光彩，欢呼雀跃，拍手叫好，欢歌笑语传遍了山村。

有谁知道，张修存为此连续度过了三个不眠之夜。

站在明亮的街灯下面，张修存的热血涌遍全身。虽是寒冬时节，北风萧萧，寒气袭人，但他却觉得特别温暖，南洼村村民们那一张张笑脸在他眼前汇成了花的海洋。

张修存初到南洼村做的另一件事，就是摸清实底，精确识别，把村里贫困户的生活状况和致贫原因一一弄清楚。

村里刚开始申报统计困难户的时候，有些富裕的家庭，为了获得国家的扶贫生活补贴，也提出困难申请。

以前村里在制定政策和开展评选活动时，都是由村“两委”直接商量决定，造成了一定程度上的不公平。张修存一到南洼村，有的群众就找到他反映这个问题。

“张书记，您这次来南洼村一定要坚持公平正义，让真正贫困的村民吃上补助。”

他听了群众的反映，感到这是个很现实、很重要的问题，如果处理不好，就会直接影响村干部的威信和形象。

他在主持召开“两委”会时，就把群众的这条意见摆了出来，让大家展开讨论，同时要求在这次评选中，只要有下列任何一种情况的，就不能定为低保户：家中有楼房的；家中有高档家具和高档电器的；在职村干部和家中有公职人员的。根据这些规定，对低保户进行认真严格的筛选。

村“两委”将全村符合申请条件的168户名单张榜公布，并用广播宣讲政府对低保户的补贴规定。在确定低保申请名单后，发动群众进行投票。

从村民代表中选出8名计票人、核票人和监票人，所有村干部都列为监督人员，维护现场秩序。经过一轮投票，有3户不符合条件的农户被取消，最后确定了165户低保户，投票结果现场公布。

村民对这一做法非常满意，就连被取消的3户也心服口服，没有提出任何意见。

张修存到南洼的第5天，南洼村所属的三个自然村192盏街灯全都亮起来了；第19天，建立了治安警务室；第26天，制定出了南洼村2016年度扶贫计划和三年规划；第33天，走访完了村里的165户贫困户……张修存的工作进度让村民始料不及，村民惊呼南洼村的发展进入了快车道，简直就是“山航速度”。

十七　建设一支带不走的工作队

黑暗需要光明来驱赶，愚昧需要睿智来消除。只有把灯塔点亮，南洼村才会迎来光明。

——作者采访手记

南洼村共有党员36名，平均年龄61.7岁，40岁以下的党员只有4名。6名村干部平均年龄60岁，全部只有小学文化程度。由于年龄偏大，文化偏低，能力偏弱，造成思想僵化、市场意识淡薄，缺少带领群众脱贫致富的信心和力量。

通过在低保户识别认定工作和与许文合的接触，张修存认为许文合是个老实人，有改变家乡面貌的强烈愿望，由于受年龄和能力的制约，才不能如愿以偿。

他找到了南洼村存在的主要矛盾和问题，看到了党建工作的重要性。在他主持的第一次村党员干部会议上，讲了不到半个小时，有个老党员就睡着了，还在会场上打起了呼噜，喊都喊不醒。有几位党员虽然没有睡着，但也无精打采，昏昏欲睡。张修存讲的话，没有几个人能听进耳朵里去。

这次会议之后，他开始思索，村看村，户看户，村民看党员，党员看干部。这样一个死气沉沉的党员群体，怎么能发挥先锋模范作用，带领群众发家致富呢？农村要发展，农民要致富，关键靠支部。抓好了党支部建设，就等于为脱贫致富安上了助推器。只要有一个好的党支部，有一支优秀的党员队伍，就能无坚而不摧。

多年来，南洼村没有党员干部固定的学习场所，开会靠“打游击”，各项活动难以开展。他来到南洼村后，就同老书记商量说：“抓党员干部学习教育必须有自己的阵地，建议尽快建立党员活动室。”

老书记非常赞同他的这一建议，他们一起动手，自力更生，仅用了十多天的时间，就在村中心建起了一处文化中心大院。

有了党员活动室，干部党员有了自己的“家”。他们还接着建起了村务公开栏和室外宣传栏。在党员活动室内悬挂了党旗，将“三会一课”“党员学习”“党员的权利和义务”等规章制度挂在墙上。

阵地有了，他带领“两委”干部开展多种形式的学习教育活动。确定每周周日为党员学习日，主要学习《党章》和党的有关文件。结合生产实际，有时把党员会议开到田间地头，发动党员结合思想实际和生产实际，找差距、找不足，转变观念、增长知识，树立良好形象。要求每个党员都要不忘初心，不忘增强斗志。

在“两委”干部中建立值班制度、碰头会制度，促使村“两委”班子坐在一起集体商议决定村里的大事小事。

同时，在工作中注重发现培养年轻党员进班子，增添新鲜血液，增强党支部的活力。对优秀青年加强培养，一旦条件成熟就吸收到党组织中来。

山东大学毕业的回乡青年李方胜，在山亭区贵诚超市工作。他有思路，有能力，有奉献意识，是一位非常优秀的青年。张修存找到他，多次和他进行思想交流，于2015年下半年列为党员发展对象并聘他为村科技副主任，参与村里工作。

张修存深知，团结才有力量。只有把“两委”班子的团结搞好了，才有战斗力。他自己首先做到，指导不指责，帮带不包办，帮忙不添乱，遇事先沟通，一切达成共识后再做决定，与村“两委”班子成员“共搭一台戏”，形成强大合力。

当然，团结不是“和稀泥”，他们坚持既讲团结又讲原则，在开展批评与自我批评中统一思想，加强团结。

张修存刚进村的时候，上级拨给了南洼村30万元扶贫专用款。有名“两委”干部说：“听说别的村把下拨的扶贫款都分给自然村了，咱也分了吧，正好每个自然村10万元。”

张修存听后气得在第一次村委会上拍了桌子，严肃地说道：“私分挪用上级扶贫款是违法行为，就算别的村都分了，咱南洼村也不能分，这是个原则问题。”

干部听了竟理直气壮地说：“前有车后有辙，别的村都能分，南洼村为什么不能分？人家分了都不违法，就咱南洼村分了违法？”

张修存针锋相对，寸步不让，斩钉截铁地说：“上级拨给的扶贫款是用来扶贫的，按照要求专款专用，统一使用，咱不管别的村分不分，南洼村是绝对不能分！”

围绕扶贫款能不能分，尽管大家争吵得面红耳赤，但最后还是坚持不分。

张修存通过一系列的正确引导，带领村干部转观念、树形象，不断创新工作方式方法，向资源要效益、向干部要能量，引导村干部在为群众做好事、办实事、解难事中树立威信。他建立了小微权力清单，使村干部更加认清自己的职责；制定了集体采购制度，使采购过程更加公开透明。通过制定一系列管用制度，养成了村班子决策讲民主、自觉接受群众监督的习惯，逐步形成大事讲原则、小事讲风格的良好风气。

强有力的思想政治工作和各种不同制度的制定，使“两委”班子的思想作风发生了深刻变化，每位“两委”成员精神焕发，情绪高涨，齐心努力，各项工作进展顺利。在村“两委”干部、全体党员和村民的支持下，南洼村圆满完成了各项工作任务。

十八　羊年咱要发“羊”财

大力发展养羊业，羊年就要发羊财。在张修存的精心指导下，南洼村的养羊业取得非常可观的经济效益。养殖户家家喜气洋洋，过春节的时候，村里唯一的大学生李方胜欣然执笔，写下了这样一副对联：

羊年羊倌发羊财 促进精准扶贫

山亭山楂进山航 实现富民强村

横批是：梦想成真。

——作者采访手记

张修存到南洼村的第一年，正值羊年。如何让南洼村及早脱贫过上好日子呢？他把主意打到养殖上来。

南洼村山场多，草木茂盛，有发展养殖业得天独厚的条件，适合家畜的养殖，让荒山变牧场，见效快，收益大。前几年南洼村也曾发展过养羊业，却一直没有形成规模。

为了解决上规模的问题，张修存不论走到哪里，遇见谁，总要问起这个问题。老养羊户冯少先无限感慨地说：“在南洼村，俺是最早的养羊户。2000年春天，俺买了两只母羊，当年下了6只羊羔，俺一家人都喜得不得了，准备第二年继续发展。谁知到了第二年春天，摊上了羊瘟，结果大小8只羊，一只也没剩，现在想想还心疼得很呢！”

“如果现在再让你养羊，你还想不想养？”张修存问他。

“如果村里能帮助俺解决羊瘟问题，俺当然想养啊。之所以这两年不敢养羊了，怕的是羊瘟，羊只要得了这种病，一群羊一只也剩不下。也不知道这羊瘟，到底能不能治。”

“能治！村里打算成立养殖合作社，大家合力解决养羊过程中遇到的具体问题。当然，防疫是一个非常重要的问题。等养殖合作社成立了，你还是养羊吧！”

“如果能帮俺解决瘟疫问题，俺当然还是想养的。”

据副书记王玉祥说，村民徐老汉家养了两只大母羊，晚上被小偷给偷了，老汉伤心极了，号啕大哭，差点上吊自杀，多亏邻居劝说，才留下了一条命。

找到以前养羊业发展不起来的原因以后，张修存组织召开“两委”会，专题讨论发展养羊业的问题。为了及时解决养殖户在饲养中的实际困难，他提议成立养殖合作社，具体指导全村养羊业的发展。开始“两委”会意见不统一，原因是以前村里养过羊，但没有发展起来，有“一朝被蛇咬，十年怕井绳”的心理因素。

此外，成立养羊合作社的资金从哪里来？

为了统一大家的思想，解决大家担心的问题，张修存带领“两委”

成员和村民代表，先后三次到济宁养殖场参观考察，学习人家的养殖经验。

根据南洼村的实际情况，养殖合作社选择了养殖周期短、收益高、适应山区特点的波尔山羊这个品种。

为了确保养羊业的顺利发展，村里投资6万元在村内所有重要路口、主干道出口安装了18套高清监控设备，并协同派出所建立了治安警务室，成立了由村干部、老党员等组成的治安巡逻队，确保养羊户的财产安全。

养殖合作社连续举办了三期养羊培训班，对羊的饲养繁殖、疾病防治做了专题辅导。养殖户通过培训学习，了解了饲养知识，掌握了饲养技术，坚定了养羊的信心。养殖合作社筹集了30万元资金，购来400只波尔山羊，分配给67家养殖户饲养。合作社规定，每个养殖户先交150元就可以领到一只母羊，剩下的550元等母羊产下羊羔后再交。张修存给这种模式起了个名字，叫“送羊还款”。

走出去才能开阔视野，通过三次学习考察，大家振奋了精神，坚定了办好养殖合作社的信心和决心。

2015年5月23日这天，67个养殖户喜气洋洋地来到养殖合作社门前，领取村里为他们买来的波尔山羊。当时大家都希望能领到一只最大的山羊。可村里购买的400只羊中，虽然体重都在40斤左右，但个头有高有矮，怎样才能公平地分配下去呢？

合作社最后采取抓实阄的方法，在每只羊身上挂一个编号，让村民抓阄，按照自己抓的号码去领羊。利用这种方法分配，村民毫无怨言，皆大欢喜。

为了让30万元扶贫专项资金发挥最大效益，养殖合作社确立了集中养殖、分散管理的思路，形成滚动发展、循环利用模式，在周边十几个贫困村推广实施。

南洼村的养殖业虽然发展起来了，但是要想健康地发展下去，还需要不断地加强指导，不断引进先进的饲养技术和方法。张修存多次带领“两委”干部外出考察。

2015年，南洼村的养羊业有了迅速发展，养殖合作社及时解决了养殖中的具体问题，养羊业的收入年产值在70万元以上。

村民们高兴地说：“今年是羊年，张书记来了，让咱羊年发羊财，这个路选对了。”

十九　小山楂做出大文章

南洼村地处山亭区的西南角，东水峪村地处山亭区的东北角，两村遥遥相望，相距5公里。南洼村由南岭、南洼、老牛口三个自然村组成，全村420户，1620人，人均耕地少。虽地处城郊，但没有一家集体企业，村民以种地和外出务工为主，是和东水峪村齐名的贫困村。

南洼村村民原来种植的山楂树现在无人管理，资源白白浪费。如何把山楂业做大做强，让小山楂做出大文章？在村"两委"会上，张修存发动"两委"干部各抒己见、出谋划策。

有的说，山楂行情不好，卖不上高价钱，是村民不重视山楂发展的主要原因。

山楂的储存周期短，易腐烂，山区交通不便，丰收的山楂卖不出去，成筐成筐地被倒进了山沟里，刺伤了村民的心。

原因找出来了，如何对症下药呢？张修存带着许文合、李方胜两个人找到了山东省经信委挂职山亭区委副书记的王晓同志，征求他对山亭区山楂业发展的意见。

王晓对全省林果生产发展和销售信息都比较熟悉，对山亭区的林果业发展也了如指掌。

王晓热情地接待了他们三人，对南洼村山楂发展的优势和前景作了详细分析。他说，一个地方的经济发展，离不开当地的自然优势和资源优势。南洼村的山楂业开始比较早，开发面积大，只要能及时解决发展中的困难，引导果农扬长避短，就能让小山楂做出大文章来。

三人告别王晓，离开山亭区委回到南洼村已是凌晨一点多。他们毫无睡意，围绕如何把南洼村的山楂业发展起来，又商量了一番。最后统一了认识：畅通山楂销售渠道是南洼村发展林果生产、脱贫致富的“牛鼻子”。

为了牵住这个“牛鼻子”，张修存可谓绞尽脑汁。因交通阻塞，村民收获山果全靠肩挑人抬，劳动强度特别大，同时也给销售造成了困难。他决定先带领村民修建环山公路，将南洼村的三个自然村连接起来。

经过一个多月的艰苦奋战，11条环山公路修建成功，从此家家户户门前通了公路，结束了千百年来三村不通公路的历史。

公路通了，山楂红了，看着堆积如山的山楂卖不出去，张修存比村民更焦虑、更着急。他派出的五路推销员都垂头丧气地回来，谁也没有找到销路。这么多的山楂，该卖到哪里去呢?

必须杀出一条路来，让山楂变成钞票。

晚上，张修存躺在床上苦思冥想。突然眼前一亮，他想起了航空配餐。如果帮助村民把山楂加工成果脯，推荐到航空市场，一定能大大增加效益。

时不我待。第二天一早，他匆匆坐上去省城的汽车。到了山航，他跑到党委书记孙秀江的办公室，把他的想法向孙书记作了汇报。孙书记听后非常重视，马上批示相关部门协调配合，加快推进扶贫开发工作。

张修存怀着激动的心情，恭恭敬敬地给孙书记敬了个军礼。

他从济南返回南洼村，将山航同意南洼山楂条进入航空配餐的喜讯告诉了“两委”成员，大家听了，个个精神振奋。他连夜联系果脯技术专家，聘请他们当技术指导，从村里挑选了26名村民制作山楂果脯。

产品很快生产出来了，他同老支书一起，兴冲冲地来到山航，将样品交到检验室。两人坐在检验处焦急地等待着检验结果。试餐果脯样品检验结果很快出来了：山楂条硬度过高，不符合航空的配餐标准。

张修存听到这一结果，不禁大吃一惊，想不到十多天的辛勤操劳竟化为乌有，激动喜悦的心情顿时烟消云散。

航空食品对质量要求特别严格，除了质量标准高以外，还有一些特殊的要求。南洼村生产的山楂条因气候原因，导致水分缺失，干燥发硬，硬度超标，产品质量不合格，就不能进入山航配餐。

面对这一试餐检验结果，他没有灰心，找到客舱部领导请教提高产品质量的办法，客舱部技术专家根据口味，对生产提出了改进建议，包括加强包装设计、降低砂糖比例等。

他带着客舱部技术专家的改进意见，回到南洼村和技术人员一起开展技术攻关，改进了产品制作工艺，按照新配方重新进行生产。

新的样品很快制作出来了，他带上新样品，马不停蹄地送到山航，山航的品质质量检验所对这批产品又进行了认真检验，这次的检验结果是：产品质量完全达到要求，可以进入山航配餐。他和老书记高兴坏了，像小孩子似的跳了起来。从此，南洼山楂条正式进入了山航航机供品行列。

市场营销的通道打开了，张修存马上注册成立了枣庄市南岭航空食品有限公司。公司建立起来了，但一连串的问题又接踵而至。新成立的食品公司没有资金、技术、厂房、设备、人员，最主要的是食品安全和准入制度需要逐级上报，仅商标注册就需要等待一年的时间。眼看着收获的山楂堆得遍山都是，公司不准运营，如果等到商标和食品安全准入证书下来，山楂早就烂掉了。这能不急人吗？

办法总比困难多。他灵机一动：借水行舟。他来到当地一家条件好的食品公司，向他们说明情况，请求一起合作。这家公司听了，非常赞成。

双方当即签订了食品生产销售合作协议，全权代理生产山楂条、甘栗仁等系列食品。通过采用这种“微笑曲线”U线经营管理模式，实现了时间与效率的高度融合，既缩短了生产链条，又保证了食品安全；既解决了资金问题，又实现了快速致富。

这真是一记高招，当年就为山航加工航空食品180万袋。村里每袋提取0.3元，集体增收54万元。

2016年9月，南岭航空食品公司新上三条流水线，增加机械设备七台，新增花生、核桃两个系列品种，这两个品种也进入了航空市场。

小山楂飞上天，做成了大市场。57名贫困村民到岭南航空食品公司当了工人，增加了经济收入，解决了家庭困难。村民们再也不用愁山楂销路了，腰包也鼓了起来。

航空配餐食品成功了，张修存并没有就此止步，他把目光又转到了系列食品附加值上，要在这上面做“文章”。在设计食品包装袋的时候，他想起了航空广告。飞机上的机体、顾客用的纸杯等都可以植入不同的广告，商家可以借此提升产品品牌知名度，广告商可以增加企业利润。

他想，南岭航空食品公司为什么就不能抓住这个商机呢？他又把这一想法汇报给了山航党委书记孙秀江，孙书记听后表示赞同。

在从山航返回的路上，张修存心里虽然有些激动和兴奋，但又有一些忧愁，愁的是公司里找不出做广告设计的人才。

外出参观学习返回后，他和同事们对植入广告的类别进行了分析研究，并分头到“石头部落”、抱犊崮、微山湖、红荷湿地公园、台儿庄古城等单位洽谈合作业务。最后，台儿庄古城和航空食品广告公司签订了广告合作协议。

2016年年底，仅广告和制作山楂条两项收入，就让南洼村集体增收了151.9万元。年终，从来没有分到过集体款的村民们欣喜若狂：这是过去想都没想过，见都没见过的好事啊！小山楂做出大文章，这个“牛鼻子”牵得好！

山亭区大学生村官倪姗姗高兴地对张修存说：“张书记，您把山楂的“文章”做活了，不仅开拓了销售渠道，增加了村民的收入，还大大提高了咱山亭区食品企业的知名度。航班机配餐上，增添了新品种，现代化的航空业与传统的种植业找到了双赢的结合点，实现了双方协作共赢。您不但为南洼村的经济发展立了大功，也为咱整个山亭区的美誉度做了重大贡献。”

张修存带领广告人员，重新调整了山亭区中远期规划，以山东航空为切入点，为高档超市提供名优品牌产品；利用电商突破传统销售模式；与设计服务公司联营合作；在济南、青岛、烟台三个地区进行战略布局，发展壮大集体企业。

他看到南洼村的生意越做越好，越做越大，集体收入不断增多而激情满怀。他以永不停歇的脚步，连日奔波在国航、川航、西藏航空、烟台机场、银座超市等多家单位，寻求合作，为山亭区航空休闲食品进入各地航空市场开辟了通道。

集体企业的快速发展促进了精准扶贫工作，南洼村年终提取30%的资金作为公司发展资金，提取70%的资金用于南洼村扶贫开发公共设施建设和美丽乡村文化建设。

2016年，南洼村拿出40万元修了4条公路，修建了两处文化广场，为贫困户和村民发放福利32.4万元。给八十岁以上的老人都发放了高龄补贴，对38户无劳动能力的贫困户实行了兜底安置。

春节前，给每个农户发了2000元的过节费。有的老人接过村里发的钱，心情格外激动，抖动着胡子说："俺活了八十多岁了，从来没领过钱，想不到俺越活越有福气了。"

二十　为了山乡的未来

扶贫必扶智。培养智慧，教育是根本。教育是拔穷根、阻止贫困代际传递的重要途径。

——作者采访手记

百年大计，教育为本。孩子是祖国的花朵、山乡的未来。然而南洼村经济贫困，教育落后，学校教学条件差。

张修存把教育扶贫时刻挂在心上。他刚来到村里时，学校已经放寒假了，等到学校一开学，他就和山航来的柴建华、衡璇二位帮扶干部先后到东山腰、枣树岭、岩底三所小学走访。每到一所学校，他们都要认真了解学校情况，倾听师生意见。当他们看到有些班级还是黑屋子、土台子，教学设备设施极度落后的情况，感到非常揪心。

下课铃声响了，各班级的学生一起走出教室，来到院子里进行课外活动。

张修存也随着走进院子，和学生一起聊了起来。他发现学生在课外，除了跑跑跳跳和做做广播体操外，并没有其他体育活动项目。

张修存站在校院里，正和身边的一名小男孩聊着，有个穿着破旧、又黑又瘦的小女孩来到他俩跟前。

“小同学，你叫什么名字？上几年级？”

“我叫单士莲，上二年级。”

他看到单士莲不仅穿戴破旧，而且从她的脸色来看，显得营养严重不足，这说明这个孩子的家里一定有经济困难。他问起她的家庭情况，她说：“家里共有六口人，有爷爷奶奶、爸爸妈妈，还有一个七岁的弟弟。爸爸外出打工去了，爷爷行动不便，奶奶是个盲人，家里的事都是妈妈一个人做。妈妈告诉我，等过几个月弟弟上学了，就让我退学回家帮妈妈干活。”

小士莲说到这里，眼里流露出忧伤和失望。

张修存同情地对她说：“士莲，你不要担心，我明天就到你家里去告诉你妈妈，不让你退学，有什么困难我去帮助你们家解决。”

“叔叔，你说的是真的吗？”

“你放心吧，我说的是真的。”

单士莲高兴地拍起小手连声说：“谢谢叔叔！谢谢叔叔！”

上课铃声响了，小士莲向他深深地鞠了一躬，转身向教室跑去。

看着她跑去的背影，张修存想，这是一个多么懂事、多么可爱的孩子啊，无论如何也不能让这孩子失学。

学生上课了，他返回学校办公室，和校长聊了聊学校的有关情况。

从学校返回的路上，他心情沉重地对柴建华和衡璇说：“你俩看到了没有？孩子们翻山越岭到学校，学校房屋破旧不堪，桌凳残缺不全，竟然还有三条腿的凳子，整个学校连一台电脑都没有。咱们得想办法让山里的孩子也拥有和城里孩子一样的学习环境。回去咱们好好商量一下，看看怎样才能尽快改善三所小学的办学条件。”

柴建华无限感慨地说：“想不到山区的教学条件会这么差！扶贫要扶智，扶智就是要重视教育的发展，无论如何咱都得想办法改善他们这种落后的教学条件。”

衡璇也非常赞同地说：“山区小学的教学条件必须改善。”

三人回村以后，心情都很不平静，学校的破旧面貌和孩子们渴望知识的眼神，深深地刺痛了他们的心。

当晚，他们没有心思吃饭，而是呆呆地坐在一起，把心思全部集中到了如何改善办学条件上。

“修存，学校破旧到这种程度，单靠个人财力是难以改变的，咱们还是写个报告，把学校现状写出来，报给山航党委，让集团出点钱资助一下，你觉得怎么样？”衡璇首先提出了这么一条建议。

“这个办法很好，我完全赞成。”柴建华当即表示。

张修存也赞同地点了点头。他打开电脑，很快把报告写了出来。

第二天，正当他们准备邮寄报告的时候，山航党委书记孙秀江到东水峪看望他们来了。

张修存在向孙秀江汇报工作时，介绍了南洼村小学的办学情况。孙秀江听后高度重视，当即表态说：“再穷不能穷教育，再苦不能苦孩子。山航愿意为改善当地办学条件提供经济援助。”

当天下午，孙秀江对南洼村附近的三所小学一一进行了察看，并与学校师生进行了座谈交流，征求学校师生的意见和要求。

孙秀江看到学校破烂不堪的教学环境和简陋落后的教学设施，实在是于心不忍，回到集团后，就在党委会上提出了援助南洼社区三所小学的建议。党委会一致同意给予一定的资金援助。

张修存听到这一决定，心里高兴得很，但又并未因此而满足。他想，要想完全改变三所小学的落后面貌，单靠山航的资助还不够。这时他想起了一度热心援助山区教育的中国山东网和济南优哲商贸公司。近年来，优哲商贸公司援助了许多所贫困小学，他决心到这家公司去看看，向他们提出援助请求。

他来到优哲商贸公司，找到公司领导说明来意，并提出共同举办“中国梦，我的梦”助学圆梦活动。公司领导听后，感觉活动很有意义，非常赞同一起举办。

在山航的大力支持下，他们先后为山亭区的小学捐助新课桌凳650套，电脑129台，还有大批电脑桌、书包、图书等学习用品，价值110多万元。

张修存又通过多方联系，为贫困学校建立了五间电脑教室，圆了山区孩子的电脑梦。

在助力山乡教育、培养山乡后代的路上，张修存一直勇敢前行。五间电脑教室建成后，他又与北京慧宇教育集团取得联系，得到了40

万元的捐款，兴建了一所小学教学楼。

张修存清楚地记得，电脑教室建成后，孩子们蹦蹦跳跳地来到这里，其中一个扎长马尾辫子的小女孩走了过来，怯生生地问："叔叔，过几天，这些电脑你们还会带走吗?"

他认真地告诉女孩："这些电脑会永远放在你们学校的教室里，供你们学习使用，不会带走的。"

女孩听他这么一说，高兴地跳了起来，拍着小手说："那太好了，太好了!"

突然间，他看到女孩的眼里竟然闪动着晶莹的泪花，这分明是激动的泪花，喜悦的泪花，幸福的泪花！他的心里突然有种从未有过的开心和满足。

助学路上无止境。张修存心系贫困学生，情暖乡下孩子，设立了助学爱心基金。通过他的多次请求和四处筹集，几年来先后有32名失学儿童和贫困学生得到助学爱心基金的捐助，捐助金额达12.4万元。

面临辍学的儿童又背起了书包，高高兴兴地走进了学校；上学有困难的家庭卸下了包袱，孩子打消了退学的念头，安心地坐在教室里，吸吮着知识的甘露。

张修存的心里涌起一股暖意，他觉得无论为山区孩子付出多少辛苦和努力，都是值得的。

二十一　脱贫路上一个也不能少

只要还有一家一户乃至一个人没有解决基本生活问题，我们就不能安之若素。

——习近平总书记关于扶贫工作的论述

习近平总书记多次强调，要坚定不移地打好脱贫攻坚战，只要群众对幸福生活的憧憬还没有变成现实，我们就要毫不懈怠，团结带领群众一起奋斗。

张修存常对村“两委”干部说：“只要村里还有一户群众没脱贫，咱们就不能睡安稳觉，就不能吃安稳饭。”

他把习近平总书记关于精准扶贫的指示牢牢记在心里，把全部心思都集中到了极度贫困的家庭上。群众致富无门，他就积极传递致富信息，介绍致富项目；群众遇到困难，他就热情帮助扶持；群众遇到技术障碍，他就积极组织举办脱贫致富培训班，让他们学到一技之长，帮助他们尽快走上脱贫致富路。

五十六岁的村民李光河是个老实本分的农民，因为没有专长，日子过得非常艰难。

2015年，他的儿子李品方不幸患上了尿毒症，他东借西借好不容易才凑齐了5万元的医药费，给儿子做了三次透析，使病情有了好转。但家里所有的积蓄都已花光，还欠下了5万元的债务。现在儿子每个星期仍需要去医院做透析，每周需要花费1000多元，这让他们的生活陷入了困境。

李光河的处境牵动着张修存的心。在多次上门走访安慰的同时，张修存积极帮他申请办理低保户手续，并动员全体村民伸出温暖之手，捐款援助，帮他一家渡过难关。

张修存自己带头捐了1000元。在他的带动和影响下，众多爱心人士积极响应，在不到一个月的时间里，就收到捐款4万多元，解了李光河一家的燃眉之急。

李品方出院后，张修存又多次到他家探望，对他嘘寒问暖，帮他解决生活中的实际困难。

为了尽快让李光河一家脱贫致富，张修存找到许书记商量说："李光河当前正处于困难时期，咱必须想办法帮助他渡过难关。"

许书记面有难色地说："张书记，我对这个家庭也非常同情，也盼着他家早脱贫，但一家三口体弱多病，怎么帮助他脱贫我实在想不出什么办法来啊。"

张修存说："李光河身体不好，李品方刚刚病愈出院，两人都不能从事体力劳动，不如买两只羊让他爷俩喂养，你看怎么样？"

“这虽然是个好办法，但买羊的钱谁出呢？他家已经是债台高筑，一贫如洗了啊！”

“资金倒不是主要的，买羊的资金，我可以先用我的工资垫付，等他家富裕了再还给我。”

“只要资金有了，问题就好解决了，您说啥时候去给他买羊，我陪您。”

“好！那咱今晚把工作安排一下，明天一早就走，可以吧？”

“可以。”

第二天一早，他和许书记就去了济宁，挑选了两只品质优良的波尔山羊买了下来。

一回到南洼村，他们就直接把羊送到了李光河家。

李光河看到送来的两只山羊，惊呆了。许书记告诉他，这是张书记用自己的工资帮他买的两只波尔山羊，让他家饲养，帮助他家发展养殖业，及早脱贫致富。

李光河一听，双手握住张修存的手说：“张书记，是您帮着俺到处筹钱给俺儿子治病，现在又给俺送来了羊，您真是俺们的好书记、大恩人啊！”

在张修存的亲切关心和热情帮助下，李光河家的生活慢慢地好了起来。

村民陈明礼原本是一个勤奋能干的农民，一家三口日子过得还算顺利。2016年，祸从天降，他的儿子在外地打工受了重伤，回家瘫瘓在床；儿子负伤不久，他的老伴又得了重病，天天卧床不起。陈明礼每天下地干活回来，看着乱糟糟的家，再看看两个躺在床上的病人，心里特别难过。既要伺候老伴，又要照顾儿子，还得下地干活，时间一长，他渐渐失去了生活的信心，整天愁容满面，唉声叹气。

张修存得知这一情况，又成为陈明礼家的常客，鼓励他一定要振作精神，正确对待生活困难。他亲切地对陈明礼说："大叔，你家里的困难我知道了，你有什么要求，可以告诉我，我能解决的，一定尽力帮你解决。"

"像我这样的家庭，一不能出去打工，二不能做什么生意，全家只有九分山地在东山上，我想承包点离家近的地，这样，一来方便我回家照顾两个病人，二来方便我种地。"

张修存一听，马上和许书记商量了一下，当场答应了他的请求，把蓄水池旁边的两亩肥沃土地包给他种植蔬菜。

陈明礼过去是村里有名的种菜能手，具有丰富的蔬菜种植经验，这次听张修存说让他承包具备浇水条件的两亩肥沃土地，心里高兴得不得了。

张修存给寿光的同学打电话，请他专门给陈明礼寄来了优良蔬菜种子，并告诉他种植方法。

陈明礼在濒临绝望时看到了光明，一下子又有了生活的信心，天天起早贪黑精心地管理两亩菜园，当年收入3万余元，当年就甩掉了贫困户的帽子。

大龄青年李照民六岁时，父亲因病去世，此后和母亲一起生活。母亲常年患病无法照顾他，他跟着外人习得了许多不良习气，又加上家里贫穷，三十多岁了也没找上媳妇，让他对生活失去了信心，整天吊儿郎当混日子。

张修存把他列为村里的帮教对象，除了经常到他家里看望他的母亲，帮他求医买药外，还经常找他谈心，鼓励他树立生活信心，好好学习技术，走勤劳致富的路子。

张修存语重心长地对李照民说："照民啊，青年人一定要走正路，千万不要养成坏习惯，让村里人瞧不起。你如果继续不务正业，必定会断送你的一生。"

在他的耐心开导下，李照民深受感动，含着眼泪对他说："张书记，您说的句句都是实话，为了我您费尽了心思，从今以后，俺一定改掉原来的坏习惯，好好做人，好好做事，做个受村里人喜欢的好人。"

张修存见李照民身材魁梧，头脑灵活，就帮他贷款买了一台拖拉机，安排他在建筑队拉沙拉石子，当年收入数万元。

2016年春天，张修存还为他牵线搭桥，帮他介绍了个女朋友。这年冬天，他结了婚。婚后，小两口和和睦睦，日子过得很幸福。

二十二　空姐来到了小山村

一天傍晚，冯建良披着残阳的余晖匆匆忙忙赶回家里，从橱子里找出了一套几天前刚买的灰色西服穿到身上，对着镜子，反复端详了一番，感觉比较合体，效果令人满意。随后又掏出一把小塑料梳子，把头发认认真真地梳理了一遍。从镜子里看到自己的形象，他满意地做了个鬼脸，哼着曲儿，奔向未婚妻单秀娟家。

一进院门，他就高声喊道："娟子在家吗？'第一书记'把山航的空姐请来了，今晚在咱村文化大院演出，咱们快去看看吧。"

娟子立即应声答道："你稍等一下，我马上就好。"

原来，娟子听到空姐来演出的消息以后，早就在家里认真打扮起来。

"建良，我怕你不知道，正准备去告诉你呢。"

娟子梳理完毕，满面春风地从屋内跑出来，扑进冯建良的怀里。

两个人亲切地拉着手，一溜小跑地向村里的文化中心大院赶去……

这时，村文化中心大院里的高音喇叭响了起来："全体村民同志请注意，告诉大家一个好消息，今晚7点钟，山航的文艺演唱队在咱村文化中心大院举行演出，请大家前来观看。”

为了引起村民们的重视，王玉祥把以上通知又重复了一遍。

村民们听到这一消息，无不欢呼雀跃，奔走相告，南洼村一片欢腾。

被誉为“故事篓子”的张建成大爷捋着胡须对老伴说：“老伴啊，刚才王书记讲的什么事，你听到了吗?”

“听到了。以前，咱只是从电影、电视上看到过空姐，活了这么大年纪了，可从来没亲眼看到过空姐啊。老头子，这不是做梦吧？今晚不去闺女家吃饭了，收拾收拾去看空姐吧。”

“故事篓子”又用讲故事的腔调对老伴说：“人家可是大城市来的，演出的水平高着呢，今晚可要让你饱眼福啦。”

“听说空姐都是从全国挑选的最漂亮的女孩子，到底长得什么样，今晚就去好好看看!”

“老婆子，我告诉你，空姐不但个个长得如花似玉，还会说好多国家的话呢！咱们快点收拾一下，赶紧去看演出吧。”

老两口议论着，一起向文化大院走去……

随着南洼村经济的不断发展，张修存把目光转到了村民的精神文明生活和文化娱乐活动上。

他到山航党委汇报工作时，向党委书记孙秀江提出了让山航文工团到南洼村演出、活跃农村文化生活的请求。

孙书记听后，当即回答说："组织山航职工到农村去慰问演出，送文化下乡，既能为农民送去精神食粮，又能让职工接受锻炼，增进与农民的感情。这是一件非常有意义的事情，我同意和支持你的这一请求和建议。"

党委会很快作出决定，把南洼村作为山航职工的实习基地，每年分期分批选派一些空姐到这里来，同农民一起劳动，相互学习。

夜幕降临，茫茫的夜色笼罩着山林、田野和村庄。全村的人几乎都来了，从银须飘拂的老人，到呀呀学语的孩子，从年轻漂亮的姑娘，到高声谈笑的小伙子，都兴致勃勃地来到了演出现场。大喇叭里不停地播放着邓丽君演唱的《甜蜜蜜》。整个文化中心大院里，坐满了黑压压的人群。

伴随着一阵的"咚咚锵锵"的锣鼓声，演出开始了。幕布一拉，十几位空姐身着粉红色的舞衣，宛如仙女下凡，缓缓移动着脚步，轻轻挥动着衣袖翩翩起舞，一个个美如天仙。

全场观众都目不转睛地注视着她们精彩绝伦的表演，如痴如醉，不时爆发出一阵阵掌声和喝彩声。

尽管深秋的冷风带着凉意，吹在观众的身上，但每个人却是热情洋溢的。

空姐们每演出一个节目，总会博得观众热烈的掌声。

一阵又一阵的欢呼声，和空姐们悠扬的歌声飘拂在南洼村的上空，让这寂寞了多少年的小山村，完全沉浸在欢乐的海洋中。

第二天，空姐们同农民们一起在果园里劳动，帮助果农采摘山楂、板栗。果园里洒下了她们劳动的汗水和一串串欢歌笑语。

通过演出和劳动，空姐们体验了农村劳动的艰辛，进一步增强了劳动观念，亲身感受到了农民吃苦耐劳、艰苦奋斗的精神风貌和勤劳朴实的优秀品格。

不但要富口袋，更要富脑袋。建设精神文明，活跃农村文化，是张修存在扶贫工作中的一个重要举措。

在他的提议下，村“两委”从集体收入中，抽出200万元，兴建了一座与经济发展水平相适应，集日间养老、便民服务、社区医疗、福利保障、文化广场、培训学校、图书阅览七种功能于一体的农村社区综合体。他还发动群众经常性地在此开展一些喜闻乐见的文化娱乐活动。

每到夜幕降临，文化广场灯光明亮，笑声朗朗，村民们不约而同地来到这里，参与各自喜爱的娱乐项目：有拉二胡的，有下象棋的，有打扑克的，有唱歌的……过去只知日出而作、日落而息的大爷大妈们，如今告别了寂寞单调的生活。歌声与笑声淹没了夜晚，淹没了村庄。

每年的重阳节，村里都要组织老年人举行重阳节赛“诗”会，凡六十岁以上的老人都要参加。八十三岁的冯照雷老人，从小没念过书，但在重阳节赛诗会上争着上台念他写的“诗”：“老汉我今年八十三，吃苦受罪多少年。如今来了个好书记，日子由苦变成甜。俺到八十还学巧，争取活到一百岁！”冯照雷刚念完，台下就响起了一阵阵热烈的掌声……

每年的中秋节，村里都要举办中秋赏月文艺晚会。所有的节目都是村里青年自编、自导、自演。晚会结束后，大家还要在广场上一起吃月饼，一起赏月，男女老少，其乐融融。

每年春节前后，张修存都要聘请山亭文艺演唱队和山航的空姐们一起为村民演出，共同庆祝新春佳节。

除此之外，在其他的节假日里，村里也要举行文化娱乐活动，组织开展乒乓球、羽毛球、篮球和拔河等比赛。

二十三　永远的遗憾

一个人如果对自己的事业坚定不移，他就会心无二念，情有独钟。就会为了这项崇高的事业，奉献一切。

——作者采访手记

张修存从小在姥爷身边长大，是姥爷的心肝宝贝。从他记事起，有什么好吃的东西，姥爷总是舍不得吃，一定要给他留着。为了哄他开心，姥爷时常让他坐在自己肩上，讲故事给他听。有时把他抱在怀里，哼唱小曲逗他高兴；有时背着他看院子里的夜来香。总之姥爷给他的印象太深，对他的恩情太重，他和姥爷之间的感情无以言表。

姥爷没有儿子，只有一个女儿。如今年纪大了，张修存就把他接到自己家里赡养照顾。可是就在张修存去东水峪驻村扶贫的第二年，姥爷突然生病去世，弥留之际，还在问张修存的母亲："存儿回来了没有，我想见见他……"

在水利建设工地上，张修存接到了姥爷病故的噩耗，让他肝胆欲裂，悲痛欲绝。他再也无法控制自己的感情，失声痛哭：

“姥爷啊，请您原谅我吧！存儿不孝！”

听了他声泪俱下的自责，他身边的村民们也纷纷落泪。

张修存泪流满面地遥望着省城济南的方向。

姥爷的突然离世给了张修存很大的打击，给他留下了永远不能弥补的遗憾。他在为姥爷办完丧事的第二天，就匆匆返回了他时刻挂念的东水峪。他迅速从悲痛中走出来，像往常一样奔忙和操劳在水利建设的工地上……

姥爷的离世是张修存的遗憾，而对正在上小学四年级的女儿张雨茜，他也有遗憾。那就是当爸爸的他常年在东水峪村忙工作，很少有时间回济南陪她说说话，辅导一下她的功课。

张修存那次负伤出院后不久，曾收到过女儿的《写给爸爸的一封信》，她在信中这样写道：

亲爱的爸爸，以前我一直想跟您说一说心里话，可一直没有时间。我知道您工作很忙，但您能不能停下来一会儿陪陪我啊！您在枣庄，身体还好吗？这是我在电话里经常对您说的话，我真心希望您能够回家来看看我，表扬我一下，陪我玩一会儿。

是的，就在几个星期前，您住院了，这对我来说是个噩耗，也是一个“机会”，您终于可以回来了。可是，您的伤还没有完全养好，就又匆匆走了，我这个正在输着液的女儿，微笑着对您说了一声再见，可是心里还是有一丝难过。爸爸，请您回来陪陪我好吗？

读完女儿的信，他哭了。

每当学校放学的时候，就是小雨茜最伤心的时候。人家的父母早早站在学校门口，一放学，就牵起自家孩子的小手，说说笑笑地回家。可是她的母亲因单位工作太忙，常常是学校放学很久了，还顾不上去接她。

学校门口的金德利民快餐店成了小雨茜的栖身场所。小雨茜聪明伶俐，学习好，而且很懂事。坐在快餐店里写完作业，就开始等啊等，盼啊盼，却时常见不到妈妈的身影。

记得那是一个风雨交加的傍晚，学校放学后，快餐店里只有小雨茜独自一人，焦急地等待着妈妈的到来。恰巧那天下午派出所抓获了两名犯罪嫌疑人，妈妈只顾审问和看押犯罪嫌疑人，把接小雨茜的事忘了。后来直到把犯罪嫌疑人送进拘留所，她才匆匆忙忙赶往学校。

小雨茜等啊等，不时地向门外张望，却始终见不到妈妈的身影。她见天渐渐黑了，妈妈却还没有来接她，心里着急了，背起书包，独自冒着风雨往家里赶。

小雨茜的妈妈冒雨赶到快餐店，本以为女儿还坐在里面等她，可是走进一看，一个人也没有。她心里一下子就慌了，连忙向快餐店老板寻问女儿是什么时候离开快餐店的。快餐店老板十分歉意说并没有注意孩子是什么时候离开快餐店的。她听说后，更加心急如焚。

她疯了般地沿着回家的路四处张望着、寻找着。心里后悔自己没有把接孩子的事安排妥当。此时，雨越下越大，像无数条鞭子，无情地抽打着她的车子，刮雨器不停地晃动着。就在她六神无主、焦急万分的时候，手机响了，是张修存的母亲打来的电话："小雨茜被一位邻居领回家了，你不要再到处找了。"

接到这个令她惊喜的电话，她悬着的心才一下子放了下来。

对孩子，张修存充满了内疚，这让他一生都不能原谅自己，他欠孩子的太多太多，难以补偿！

有一年春天，他周末回到济南与朋友一起团聚时，大家纷纷问他："修存，听说你帮扶的那个地方，有很多旅游景点，快给大家介绍介绍，节假日的时候，我们也想带着老婆孩子去游玩一下，到时候，你得给我们做导游啊！"

听了大家的话，他真有点儿不好意思。

其实，他帮扶的东水峪村离周边的一些景点不足20公里，他到达山亭以后，把全部心思都放到了帮扶工作上，始终没有到山亭的任何一个景点去玩过。

大家听了他的话以后，纷纷摇头说："太遗憾了，你离景区这么近，都不去看看？借在山亭帮扶的机会，去看看这些景区，也不枉在山亭待过啊！"

他见朋友们去山亭参观心切，只好答应说："等我回去的时候，抽时间到景区探探路，等我探好了路就告诉大家。"

由于帮扶工作忙，回到山亭他就全身心地投入工作，把说过的话忘得一干二净。再见到朋友，只能用抱歉来搪塞他的承诺。四年多来，他竟然没有一次到过旅游景点。

正是因为他的遗憾才换来了东水峪和南洼村老百姓的不遗憾，让村民们过上了跟城里人一样的生活。

二十四　俺给书记打满分

金杯银杯不如老百姓的口碑。张修存心里想的全是老百姓的事，老百姓也从来没有忘记他。他和东水峪、南洼这两个村的老百姓结下了水乳交融的亲密感情。

——作者采访手记

最美人间四月天。四月的和风吹来阵阵花香，南洼村迎来了无限春光。

一排排崭新漂亮的楼房，在绿树掩映中，在鲜花点缀下，显得格外美丽壮观。

这是张修存到南洼村两年多来，在大力改善居住环境、创造幸福美满生活方面交出的一张答卷。

2017年4月，他完成了党组织交给他的光荣任务。山东省委考核组对第二轮驻村“第一书记”期满进行考评，让群众对他的工作进行评价。

按照规定，南洼村需要有60名以上的村民代表参加投票打分，谁知道通知一发出，全村竟呼啦啦地来了300多人。

村民们不管手头上工作多么忙，都争着来给他们的“第一书记”打分，表达他们的一番真情实意。一时间，大街小巷站满了人。这让考核组的同志既犯难又惊奇。他们来只为南洼村准备了60张票，来了这么多人，分给谁呢？他们临时研究了一下，决定借用给其他村考核的票。

村民杜大娘多次受到张修存的资助。因为患病，她常年卧床不起，这次听说上级来考核给张修存打分，就对儿子说：“儿啊，无论如何，你都要把我扶到村委会，就是爬过去也得给他投一票。这两年他为咱家可操了不少心啊！”

儿子把她扶到考核现场，她一见到考核组的同志就说：“张书记是个好人啊！今天听说给他打分，我给俺们的张书记打满分。”接着向考核组讲起了张修存做的一件又一件好事。

投完票，她又向考核组的同志再三请求说：“把张书记留下来吧，俺舍不得让他走。”

村民们潮水般涌来，把考核组的同志团团围住，说什么也要把张修存留下。他们接着杜大娘的话茬说：“张书记可好了，俺真不想让他走啊！他要是能在这里待一辈子才好哩！”

考核组的同志被眼前的场面感动了，他们在统计票数的时候发现，全村300多名投票人投的都是满分票。有的人还在票上留言说：“只有像张书记这样的人，我们才真心爱他。”

投票现场还出现了一个非常感人的场景：七十多岁的张文凤大娘，投完票后，挤进人群里，拉着张修存的手哽咽着说："张书记，给你投完票你就走吗？你不走行吗？"她从怀里掏出一双鞋垫来，塞进他的手里，"这是俺纳的一双鞋垫子，送给你的，你一定得收下。"

张修存双手从大娘手里接过这双充满深情厚谊的鞋垫，低头一看，用红线绣出的八个大字跃入他的眼帘：一只绣着"好人好报"，另一只绣着"一生平安"。看到用千针万线精心绣制的这双鞋垫，一股暖流顿时涌上他的心头，他的眼睛模糊了，热泪涌出眼眶。

他抬起头来，无限深情地注视着她，呜咽着说："大娘，谢谢您！这是一份特殊的礼物，我一定会把它好好地珍藏，永远记住您的这份情意！"

他向张文凤大娘深深地鞠了一躬。他深知这双鞋垫的份量，那密密麻麻的一针一线，寄托着全村1000多口人的深情厚谊，是对他驻村扶贫工作的高度认可，更印证着全村人对他的依依不舍。

二十五　他是俺最可爱的人

在南洼和东水峪村，人们也把张修存称作新时代最可爱的人。

村民不会忘记，是他顶风冒雪走进村民的家里和村民坐在一起促膝交谈；

村民不会忘记，是他不顾劳累，昼夜奋战，为村民竖杆架线送来光明；

村民不会忘记，是他坐在五保老人家里的病床上，像对待自己的亲人一样，为病人送医喂药，嘘寒问暖；

村民更不会忘记，他拖着受伤的身躯，挑着水桶，咬着牙关上山栽树的情景……

刚毅的性格，坚强的意志，消瘦的面容和灿烂的微笑，他的音容笑貌时常浮现在南洼人眼前，这就是人民的好书记——张修存。

让南洼人难以忘怀的是2017年的春节。他们做梦也没有想到，祖祖辈辈生活在山洼里的农民，竟然发上了福利。

在社区福利保障中心，米、面、油、盐、酱、醋等生活用品一应俱全，村民不用自己花一分钱就可以领到各种年货。村民们兴高采烈地挑选着自己喜欢的年货，每个人的脸上都洋溢着幸福的笑容。

这还是两年前村集体负债29万多元、家家穷得叮当响的南洼村吗？张修存到南洼村来，仅用了两年时间，就交出了一张令人满意的答卷。

说起今天来，南洼人无不神采飞扬：家家住楼房，宽敞又漂亮。座座楼前是花草，条条街道通四方。谁不说俺家乡好，山清水秀好村庄。感谢书记张修存，子子孙孙永不忘。

老党员王彦朝说："俺活了这么大年纪，经历的人和事不知有多少，但从来没见过像张修存这样的好书记，他和蔼可亲，对村民知冷知热，不是亲人胜似亲人啊！"

村民李光义无限感激地说："他心里想的全是南洼村的人和事，唯独没有想到他自己。他一来俺村，俺就觉得他和俺们是一条心。俺觉得他是俺靠得住的主心骨，有什么话都愿意和他说！"

老农陈孔伦满怀激情地说："凡是俺向他提出的请求，他都时刻挂在心上，尽力帮俺解决，真是好人啊！"

南洼村七十多岁的村民许文玉老人脸上总是挂着微笑，一天到晚乐呵呵的，像是心里藏着数不尽的喜事。有人问他，你为什么天天偷着乐？

老人微笑着回答说："过去俺日子过得苦，缺吃少穿，辛辛苦苦收下的核桃板栗、养的鸡和羊卖不出去啊，你让俺笑俺也笑不起来。如今，吃穿不愁了，收的核桃、板栗等，再也不愁卖不出去了。每年都进大把大把的钱，你说俺能不高兴吗?”

岁月是一条河，岁月是一首歌，岁月是一幅画。

在南洼村两年的驻村扶贫工作中，张修存没有辜负老书记的“五顾茅庐”，没有辜负南洼村民对他的殷切期望。他以一个共产党员的无私奉献精神，以他神奇的力量，赢得了人们的衷心爱戴!

二十六　在鲜花和掌声中

张修存扎根山村四年多，用激情与赤诚践行自己的驻村诺言，用拼搏与奉献推动脱贫攻坚，用纯真的挚爱与这里的老百姓打成一片，谱写出了一首震撼人心的奉献者之歌。

张修存的奉献精神和感人事迹，得到了广大干部群众的一致称赞。有的人称他是最可爱的人，是老百姓的主心骨。时任山亭街道党工委书记刘庆东被张修存的事迹深深地感动了，他经常对人说，从张修存身上我们看到了当代共产党人与群众同呼吸共命运的鱼水之情。他的扶贫过程是一部很好的教材。他为我们树立了一个新时代共产党员的光辉形象，表现了一名共产党员的高尚情怀。

时任山亭区人民政府区长王庆丰也经常说，张修存用“立足帮扶村，带动全镇街，辐射全山亭”的大帮扶理念，将石板房自然村纳入了总投资达到8.5亿元的“翼云石头部落”旅游项目整体规划，让山东省（航空）休闲食品产业基地落户山亭，直接带动全区60多家食品企业发展，解决了780个贫困户就业，走出了一条大帮扶之路，对山亭区的经济发展起到了极大的推动作用。

山亭区党委政府要求全体党员干部学习张修存不求索取只讲奉献的优秀品格。区委书记毕志伟说：“修存书记在结束驻村书记的前一天，还协调中国农科院作物科学研究所和山亭区达成战略合作意向，如果山亭区的每一位干部都能像张修存那样忘我工作，山亭区的各项工作就会有更大的跨越，无论有多少贫困村都能很快脱贫。”

继东水峪村改居之后，2016年3月4日，枣庄市山亭区做出了同意“南洼村撤村设居，更名为南岭社区居委会”的批复。这标志着南洼村和东水峪村一样，都已彻底脱离了贫困，过上了新生活。为此，山亭区人民政府特地为张修存颁发了“山亭区荣誉市民”的荣誉证书。

时任枣庄市委书记李同道对张修存的扶贫工作也给予了高度评价，多次在全市扶贫工作会议上，介绍他的先进事迹，号召广大扶贫干部向他学习。

山航董事长徐传钰、党委书记孙秀江、纪委书记林海波，山航股份总经理苗留斌、党委书记姜成达等对张修存驻村扶贫工作给予了充分肯定，并在山航掀起了向他学习的热潮。

2016年5月18日，时任中共山东省委常委、组织部部长杨东奇同志，到枣庄市调研党建扶贫工作时，看到南岭社区的巨大变化，十分高兴，对张修存做的工作非常认可，提出向全省推广他扶贫工作的经验，号召全省扶贫干部向他学习。

在他圆满完成四年帮扶任务，即将离开南洼村返回济南的时候，刚到山东省任省委书记的刘家义同志来到枣庄市山亭区南岭社区调研党建扶贫工作。刘书记见到他，关心地问了20多个扶贫工作中的问题，张修存结合日常工作实际，都做了如实回答。当刘书记问到南洼村的集体收入时，张修存准确地报出了一系列数字。听到南洼村集体收入由0到2017年的151万元时，刘书记非常高兴。

刘书记为了了解更多的实情，向时任枣庄市委书记李同道和时任枣庄市市长李峰提出，到贫困户家里看看，跟他们聊聊天。

刘书记每到一户村民家里，听到的都是新农村新变化，看到的都是村民由内而外的喜悦。

特别是来到村民李光义的家里时，刘书记和随行的原山东省委常委、省委秘书长于晓明，原枣庄市委书记李同道坐下和他拉起了家常。李光义一个劲儿地向刘书记说："多亏省委给俺村派来了张书记，他心里想的全是村民的事，唯独没有他自己，这几年俺村里的变化太大了!"

听到村民们对张修存的一致称赞和高度评价，刘家义开心地笑了，他为我们党有这样的驻村"第一书记"感到高兴。

从村民家里出来后，他握着张修存的手说："修存同志，你积极响应党中央习总书记的号召，扎根山区四年多，为两个特困村拔掉了穷根，付出了巨大的努力和艰辛，做出了优异成绩和突出贡献，也赢得了当地老百姓对你的信任和赞誉，你辛苦了！我代表中共山东省委向你表示感谢!"

张修存紧紧握着刘书记的手，眼睛湿润了……

张修存在扶贫工作中的先进事迹，得到了各级领导的肯定和表扬，也引起了各级新闻媒体的关注。《人民日报》在显要位置，刊登了他的事迹；《中国扶贫杂志》为他做了长篇报道，把他在扶贫工作中的先进事迹，向全国扶贫干部做了推广介绍。

《大众日报》《民航报》等100多家新闻媒体均为他做了长篇报道，介绍了他在扶贫工作中的事迹和经验；山东电视台为他制作了专题片《第一书记帮扶记》，向全国播放。

《山东航空报》以“紧紧依靠党组织，实现富民新梦想”为题，发表了长篇通讯，介绍了张修存的扶贫经过和心得体会。山航党委书记孙秀江为本篇通讯写下了序言：

2012年以来，按照省委统一部署，公司连续三年选派党员干部到枣庄市山亭区担任“第一书记”。三年多来，我们的“第一书记”以抓党建、促脱贫为着力点，以卓有成效的工作树立了基层党员干部形象，树立了山航的企业品牌。

前些天，公司选派的“第一书记”张修存同志到我办公室汇报工作时，提到他给山城街道讲党课的事，我向他要了一份讲稿。

读了这篇讲稿，我很受感动，也由衷地为山航的“第一书记”们感到骄傲和自豪。在他身上集中体现了公司派驻“第一书记”的精神风貌。

当前，正值“三严三实”专题教育的关键时期，我们各级党员领导干部都应该向他们学习。学习他们坚定理想、无私奉献的高贵品质；学习他们迎难而上、开拓进取的奋斗精神；学习他们扎根基层、贴近群众的优良作风；学习他们抓住重点、务求实效的工作方法。要紧紧围绕年度工作任务和目标，敢于担当，敢于负责，敢于奉献，敢于拼搏，把严和实的工作作风真正融入工作中，体现在行动上，为公司持续稳健发展贡献力量。

孙秀江书记向山航全体干部职工发出了“向张修存同志学习”的号召。

四年来，干部群众送给张修存的锦旗有40余面：“人民好公仆，群众贴心人”“第一书记情深似海，山航帮扶义重如山”“一份追求永不悔，一颗爱心写神奇”……一面面锦旗写出了人们的肺腑之言，写出了人们对他的无限感激之情。

他因在扶贫工作中做出的优异成绩和突出贡献，赢得了各级党委政府授予他的众多荣誉称号：中共山东省委授予他“全省优秀共产党员”称号；在全省“第一书记”工作总结表彰大会上，他被授予全省“第一书记标兵”荣誉称号；山东省扶贫工作领导小组授予他“山东省脱贫攻坚先进个人”荣誉称号。

面对许许多多的荣誉，张修存并没有陶醉，他仍然像以前一样带着国家的使命，带着组织上的重托，带着东水峪、南洼村人对他的期盼，不停息地拼搏着，奋斗着……

山东省委组织部每次举办大学生村官培训班，都要邀请他去做辅导报告，与大学生村官互动，给大学生村官指方向、传经验、鼓干劲、立豪情。大学生村官每次听完他的报告，都会心潮澎湃，精神振奋，坚定了驻村扶贫的信心。

近年来，他给各级党委政府组织的第一书记村干部培训班做辅导报告100多场次。他用他的切身经历，来阐述共产党员应该怎样发挥先锋模范作用，怎样在新的时代，不忘初心，砥砺前行。

他的报告生动感人，多次被台下党员干部的热烈掌声打断。他的事迹深深地感动了台下的每一位与会人员。

面对鲜花，面对荣誉，他没有骄傲，没有陶醉。他清醒地认识到，他所做的一切，都是一个共产党员应该做的。

他知道，今后的路还很长，为人民服务永远在路上，要做的事情还有很多，依然需要更加努力地去拼搏、去奋斗、去奉献！